Les Éditions du Boréal
4447, rue Saint-Denis
Montréal (Québec) H2J 2L2
www.editionsboreal.qc.ca

Un siècle en pièces

DU MÊME AUTEUR

La Liberté de blâmer, carnets et dialogues sur le théâtre, Boréal, 1997.

Les Entretiens du Devoir, *arts et littérature,* Presses de l'Université du Québec, 1995.

Entretiens avec Jean-Pierre Ronfard, Liber, 1993.

« Un effet de pluie », dans *Un été, un enfant,* Québec/Amérique, 1990.

Le Curé Labelle (en collaboration avec Robert Migner), La Presse, 1979.

Camillien et les années vingt (en collaboration avec Robert Migner), Éditions des Brûlés, 1978.

Réjeanne Padovani, dossier et découpage, Éditions de l'Aurore, 1975.

Robert Lévesque

Un siècle en pièces

carnets

Boréal

COLLECTION PAPIERS COLLÉS

Les citations de *Roberto Zucco* de Bernard-Marie Koltès sont tirées de l'édition de la pièce parue aux Éditions de Minuit, en 1990. La lettre de Koltès à Hubert Gignoux a été reproduite dans un numéro de la revue *Europe* consacré à Bernard-Marie Koltès (novembre-décembre 1997). La citation de l'autobiographie d'Arthur Miller, *Au fil du temps,* est tirée de la traduction française parue chez Grasset, en 1988 (© 1988 Éditions Grasset & Fasquelle).

Les Éditions du Boréal remercient le Conseil des Arts du Canada ainsi que le ministère du Patrimoine canadien et la SODEC pour leur soutien financier.

Illustration de la couverture : Serge Lemoyne, *Rideau noir,* 1982, acrylique sur toile, 106 cm x 151 cm, collection particulière (BTE 190.12). Photo : Patrick Altman. © 2000 Sucession Serge Lemoyne/SODRAC (Montréal).

© Les Éditions du Boréal
Dépôt légal : 2ᵉ trimestre 2000
Bibliothèque nationale du Québec

Diffusion au Canada : Dimedia
Diffusion et distribution en Europe : Les Éditions du Seuil

Données de catalogage avant publication (Canada)
Lévesque, Robert, 1944-

Un siècle en pièces : carnets
(Collection Papiers collés)
Comprend des réf. bibliogr. et un index
ISBN 2-7646-0042-9
1. Théâtre (Genre littéraire) – 20ᵉ siècle – Histoire et critique. 2. Théâtre français – 20ᵉ siècle – Histoire et critique. 3. Théâtre canadien-français – Québec (Province) – Histoire et critique. 4. Théâtre canadien-français – 20ᵉ siècle – Histoire et critique. 5. Théâtre américain – 20ᵉ siècle – Histoire et critique. I. Titre. II. Collection.

PN1861.L38   2000   809.2'04   C00-940582-8

Les quatorze carnets d'*Un siècle en pièces* ont été lus par l'auteur à la chaîne culturelle de Radio-Canada du 4 novembre au 23 décembre 1999. Cette série radiophonique était une réalisation de Stéphane Lépine.

Avant-propos

Les chats de Mallarmé

Stéphane Mallarmé fut l'un des premiers à lire le texte d'*Ubu-Roi* et il donna à ses chats les noms de Monsieur et Madame Ubu ; des chats gros et gras qui pour une queue de poisson dévalaient et remontaient les escaliers du 89 de la rue de Rome, filant parfois entre les jambes du jeune Paul Claudel qui, le mardi, les quatre étages grimpés, venait s'asseoir sur le petit canapé de la salle à manger pour, ainsi que le remarquerait le maître, *furieusement se taire…*

Vers les dix heures, adossé au poêle en faïence, les boissons chaudes servies par sa femme, Mallarmé se mettait à parler de tout et de rien, c'est-à-dire d'art et de poésie, d'Idée et de Forme, et les plus âgés comme Degas et Verlaine répliquaient, parfois. Alfred Jarry pouvait y être venu une fois ou deux, absolument ivre, Édouard Dujardin était le plus fidèle et inventait alors dans *Les lauriers sont coupés* la technique du monologue intérieur, Claude Debussy avait vingt ans, les dreyfusards étaient en nombre et l'anarchisme faisait le bonheur des apartés quand le maître, ce professeur d'anglais, rêvait tout haut d'un Théâtre nouveau (on sentait alors la majuscule) qu'il n'arriverait jamais à faire advenir mais dont la gestation rigoureuse dans l'idéal, et ponctuelle dans le désir, excitait celui qui avait déjà fait publier anonymement *Tête d'or* et influençait Maurice Maeterlinck qui à vingt-sept ans allait écrire le poème de *Pelléas et Mélisande* que Debussy mettrait bientôt en musique.

Dès 1877 — Jarry a quatre ans et Claudel en a neuf — Mallarmé avait écrit à Arthur O'Shaughnessy, un francophile qui fit connaître les parnassiens en Angleterre : « J'étudie partout les fragments d'un Théâtre nouveau qui se prépare en France et que je prépare de mon côté ; quelque chose qui éblouisse le peuple souverain comme ne le fut jamais empereur de Rome ou prince d'Asie. Tel est le but ; c'est roide. Il faut du temps… » On peut prendre l'expression « le peuple souverain » pour un effet parodique, Mallarmé s'adressant à un Anglais ; j'y vois pour ma part une ambition qui, chez le plus hermétique des poètes du XIXᵉ siècle, demeura lettre morte mais stimulera le futur Claudel du *Soulier de satin* et se répercutera au-delà de son temps chez le Brecht de *Mère Courage* puis le Genet des *Paravents* et jusqu'au Heiner Müller d'*Hamlet-machine* exactement un siècle plus tard.

Ce *Théâtre nouveau* (dans lequel il y aura maints nouveaux théâtres) allait rompre d'abord avec le statu quo social, chatouillé peut-être mais célébré tout de même dans le vaudeville (Labiche, Courteline et Feydeau) et le mélodrame (Sardou, Bernstein, au mieux Henri Becque) ; il allait rompre aussi avec le drame romantique et verbeux (Hugo, au mieux le Musset de *Lorenzaccio,* au pire le Rostand de *Cyrano*), bref, depuis l'offensive pétaradante lancée par la pochade géniale de Jarry, il allait en finir avec ce répertoire du XIXᵉ siècle que Romain Rolland décrira bellement en 1903 (dans *Le Théâtre du peuple,* joli coup de pied à ceux qui avaient occupé la scène depuis Marivaux et Beaumarchais) comme « une peau de lion jetée sur de la niaiserie ».

On oubliera dès lors dans le brouillard de la Divine et des acteurs-rois, dont le règne achevait, le drame poétique (Porto-Riche, Coppée et l'Italien D'Annunzio) et même le drame versifié (Ponsard, Moréas et le Belge Verhaeren), on surseoira au naturalisme brut et limité (Zola et les quartiers de bœuf d'André Antoine), puis on respectera à distance les grands Scandinaves (Ibsen et Strindberg) pour atteindre — au-delà de ces moralismes comiques ou sombres d'un long siècle de refoulement — une ambition morale et foncièrement *populaire*, donc politique, une Morale majuscule si l'on peut dire et qui, comme au temps de Shakespeare que Mallarmé admirait tant et dont la figure d'Hamlet était pour lui celle d'un frère (il s'en confia dans une lettre à Henri Cazalis en 1862), fera du théâtre un art entier, total, souverain, intellectuel certes mais en lutte constante contre les médiocrités ; on le dira aussi civique ou engagé et il sera pour une grande part (c'est celle qui m'intéresse) empreint d'un humanisme critique, faisant (de Jarry à Bernhard, de Tchekhov à Koltès, de Brecht à Beckett, de Genet à Tremblay, de Miller à Müller) le procès de l'humanisme.

Ce sera un théâtre d'art (pour reprendre l'enseigne de Stanislavski) qui, de l'ampleur littéraire de Claudel à la fureur littérale de Thomas Bernhard, de l'ambiguïté intellectuelle de Pirandello à la perversité cérémonielle de Genet, des facéties de Jarry aux numéros de Beckett, se sera imposé à coup de scandales et d'éblouissements, faisant à tout coup événement. C'est l'émergence de ce théâtre du XXᵉ siècle que le Gide de vingt-neuf ans avait perçue chez l'excentrique Jarry quand il disait à un camarade : « Tout bas je vous avoue que je préfère *Ubu* » en sortant d'une représentation du *Repas du lion* de François de Curel au Théâtre Antoine en 1897, une pièce qui tout de même prétendait à un certain théâtre d'idées et prêchait (c'était là son handicap…) un message socialiste.

Ce théâtre dont j'aligne ici quatorze pièces — quatorze chefs-d'œuvre — en les revisitant à ma manière, fureteuse, aussi curieuse qu'amusée, est un théâtre de la liberté qui a bel et bien été intuitionné puis laissé aux effusions des autres par un homme rigoureux jusque dans son rêve et qui meurt en 1898 quand, à Augsbourg, dans la famille d'un industriel du papier, naît le dénommé Bertolt Brecht. J'aime voir dans ce qui sera le siècle de Brecht le siècle de Mallarmé. Ce qui advint de *roide* après la mort de l'auteur d'*Un coup de dés jamais n'abolira le hasard,* ces révolutions scéniques et l'évolution de l'idée même du théâtre, c'est-à-dire d'une part l'invention de la mise en scène et d'autre part la désaliénation de la représentation, constitue un rêve possible et réalisé de celui qui, crayonnant au théâtre en désespérant de « se rendre au spectacle avec son âme », décrivait en 1897 « l'attente qui, comme une faim, se creuse chaque soir, au moment où brille l'horizon, dans l'humanité — ouverture de gueule de la Chimère méconnue et frustrée à grand soin par l'arrangement social ».

Cet *arrangement social,* donc, celui qui frustrait la Chimère et déshéritait l'horizon, le théâtre du XXᵉ siècle l'aura, sur les planches, mis en pièces, il en aura fait éclater les jointures diverses et consensuelles. Déjà, quand meurt Mallarmé, Tchekhov à Moscou observe avec mélancolie les dernières lueurs du *monde d'avant* en interrogeant silencieusement l'avenir; le fringant Claudel parcourt le monde de Boston à Fou-Tchéou en jetant sur le papier un art poétique qu'il élèvera à la démesure du théâtre, c'est-à-dire en se mesurant à Shakespeare; et à Rome un *professore* en désorientera les règles de l'illusion et de la conclusion, c'est Luigi Pirandello : ses personnages entrent dans un théâtre et se disent à la recherche d'un auteur pour pouvoir accéder au monde de l'art. Le théâtre dès lors ressemblera enfin, peut-être, au rêve mallarméen d'une représentation nouvelle, il disait d'un *vif réalisme…* À Sarah Whitman le poète avait décrit ce réalisme comme devant être « magique, populaire et lyrique ».

Si Pirandello mit en pièces le théâtre lui-même en mettant en scène la mise en scène elle-même (donc en violant sa soi-disant illusion), il en est un qui, en Allemagne, allait bousculer plus encore l'ancienne *magie* du théâtre en instaurant la double règle didactique d'une distance à garder entre l'acteur et son personnage d'abord, puis entre le spectateur et le spectacle, et c'est Bertolt Brecht qui, avec son demi-rideau et ses épopées de quat'sous, sera le grand casseur de l'art théâtral du siècle, son révolutionnaire, celui pour qui « le peuple souverain » ne sera plus une boutade ou une utopie mais l'objet d'un vaste programme de désaliénation générale. D'autres, en Amérique, sans renier le commerce du théâtre mais en rompant avec les consensus sociaux et les enjôlements politiques, exploreront les écarts du désir, comme Tennessee Williams, ou les excès du pouvoir, comme Arthur Miller.

En Europe, au saute-mouton des guerres, la liberté du théâtre va dès lors constamment croiser l'oppression de l'histoire. À Jarry qui en 1896 inventa le Père Ubu, c'est-à-dire l'Agresseur (Thiers pour lui, mais aussi Mussolini, Staline, Hitler, Duvalier, Ceaucescu, Milosevic et au suivant!), succéderont d'abord Antonin Artaud et son *théâtre de la cruauté*, un théâtre pratiquement injouable qui ne donnera pas d'œuvre comme telle (d'où, comme celle de Mallarmé, sa présence qui n'apparaît qu'en creux dans ces carnets), puis, en passant par le dadaïsme et le surréalisme, le *théâtre de l'absurde* fait de rires au pluriel et d'angoisse singulière et l'*antithéâtre* qui détraquera l'horloge dramatique comme le fit au milieu du siècle le rondelet roumain Ionesco, nostalgique des guignols épouvantables de son enfance.

Cette mise en pièces du théâtre (éclats, outrages, outrances) dans la grande mise en pièces du siècle (guerres, épurations, nettoyages) aura fait entrer en scène, dans « l'espace doré quasi moral qu'elle défend », comme l'écrivait Mallarmé en parlant de la rampe, le personnage de la victime et non plus celui du héros (car Auschwitz aura tout changé). Viendront des dramaturges animés d'une gravité humaniste jamais ressentie autant depuis Shakespeare et qui exploreront la solitude et l'attente, comme Samuel Beckett, d'autres qui essaieront de travestir en cérémonies perverses les crimes et les trahisons des hommes, comme Jean Genet, d'autres encore qui dévoileront l'ignorance et l'étendue des misères des femmes, comme Michel Tremblay, d'autres enfin qui observeront de l'intérieur la tragédie du communisme, comme Heiner Müller. Et puis il y aura celui qui, tel un Rimbaud des après-décolonisations, ira respirer la peur des banlieues et la sueur de l'Afrique en se désirant lui-même en Noir, comme Bernard-Marie Koltès, et celui — si élégamment pathétique, si admirable — qui vociférera une vie durant avec une verve inouïe sa haine envers son pays, comme l'Autrichien Thomas Bernhard, prophétisant ce retour des nazis qui, onze ans après la mort du dramaturge, et sous l'emblème d'un Parti de la liberté, sont entrés au gouvernement de Vienne… ; et tout cela dans une vaste orchestration de successives et magistrales mises à mort artistiques, de l'illusion, du jeu, et même du personnage, évidemment de l'auteur et de la représentation elle-même, enfin du théâtre que, certains soirs, appuyé à son poêle en faïence, ses deux Ubu rassasiés et ronronnant sur les genoux de Maeterlinck ou de Manet, le poète Mallarmé n'imaginait plus que comme un seul et unique drame, un grand travail, disait-il, un drame à faire jouer à époques fixes, pensait-il, quelque chose qui mettrait « le feu à trois coins de Paris » et dont chaque production ne se représenterait jamais de la même façon…

Il y eut des feux partout, au demeurant, et pas seulement à Paris mais à Rome, à Moscou, à Zurich, à Berlin, à Vienne, à Montréal, à Philadelphie, à Nanterre, à Bruxelles, à New York, là où certains soirs le théâtre a pu à sa manière mettre le siècle en pièces, en abattre les cloisons et en ramasser les éclisses pour, de tous ces débris de l'Histoire, nourrir la gueule ouverte de la Chimère, celle devant qui, chaque soir, l'attente, comme une faim, se creuse.

Devant une absinthe
colorée d'encre rouge

Ubu-Roi, d'Alfred Jarry, créée le 10 décembre 1896 au Théâtre de l'Œuvre à Paris dans une mise en scène d'Aurélien Lugné, dit Lugné-Poe.

Un siècle s'annonce parfois sans prévenir. Il cogne avant l'heure, c'est tout. Cela peut se produire un jeudi soir, par exemple, en décembre, dans une salle parisienne mal chauffée où l'on a fait des pieds et des mains pour en être parce qu'il s'agit d'un club sans guichet qui n'est ouvert qu'aux abonnés et aux invités et qu'un individu du nom d'Alfred Jarry — que les plus avertis ont lu neuf jours auparavant dans *La Revue blanche* où sous le titre *Les Paralipomènes d'Ubu* il regrettait que « la liberté ne soit pas encore acquise au théâtre de violemment expulser celui qui ne comprend pas » — fait créer ce soir-là une pièce sous le titre incongru d'*Ubu-Roi*.

Ceux qui se trouvent au Théâtre de l'Œuvre ce 10 décembre 1896, chez Lugné-Poe qui d'habitude fait connaître le théâtre tortueux et scandinave d'Ibsen et de Strindberg, étaient pour la plupart la veille — soit le 9 décembre — à plein nez plongés dans les parfums établis du XIXe siècle : au Théâtre de la Renaissance, on canonisait encore une fois la grande Sarah ; ils virent la Divine donner à cinquante-deux ans un rien de *Phèdre,* la poitrine palpitante, la peau aussi blanche que ses camélias, et recevoir les hommages les plus ouvertement sentis. Le jeune Rostand dont elle avait joué *La Princesse lointaine* y alla d'un premier vers : « En ce temps sans beauté, seule encor tu nous restes » ; on l'entendit même la tutoyer : « les lèvres de Shakespeare aux bagues de tes doigts », et, comme si cela ne suffisait pas, il osa : « Et, quand Phèdre paraît, nous sommes tous incestes »…

D'un soir à l'autre le tout-Paris basculait donc abruptement, hier béat aux pieds de la reine de l'attitude, aujourd'hui stupéfait devant un roi de la bêtise. On était au 15 de la rue Blanche et Alfred Jarry, outrageusement maquillé, debout sur une table, s'adressait au public en lever de rideau. Il martelait ses phrases. Il avait vingt-trois ans. Il s'expliquait beaucoup : sur son personnage qui était, dit-il, la déformation par un potache d'un professeur représentant tout le grotesque qui fut au monde, sur les acteurs qui avaient bien voulu se faire impersonnels, sur M. Firmin Gémier qui avait quitté deux soirs une pièce de M. Villiers de l'Isle-Adam pour incarner le personnage d'Ubu, sur l'orchestre qu'il n'avait pu réunir, sur le décor « parfaitement exact » ; enfin il descendit de table en ajoutant : « quant à l'action, elle se passe en Pologne, c'est-à-dire nulle part ».

Le rideau se leva. On vit côté jardin de la neige tomber sur un lit à rideaux flanqué d'un pot de chambre, et côté cour un soleil de carton au-dessus d'un boa constrictor enroulé sur un cocotier que jouxtait un échafaud où pendait un squelette… Ubu entra, sortant d'une grande cheminée et lançant un retentissant « Merdre ! ». Ce mot, qui n'était plus de Cambronne et déjà de Jarry, mettait fin à la décence du théâtre. La cohue commença très vite. Les critiques se divisèrent. Catulle Mendès qui avait publié un dithyrambe sur l'humour *ubuesque* (on avait pu en lire des scènes dans le *Mercure de France*) cria « Vieux bouffi ! » à Francisque Sarcey qui fuyait… On vit Courteline se hisser sur un strapontin pour hurler à la salle entière : « Vous ne voyez pas que l'auteur se fout de nous ! » tandis que dans le tumulte Gémier esquissait une gigue à l'avant-scène. Lugné-Poe fit allumer et éteindre la salle à plusieurs reprises mais on joua, dans une ambiance d'*Hernani* populiste. Les aficionados instinctifs comme Jacques Copeau, Paul Léautaud, Reynaldo Hahn venu sans Proust, et Yeats qui était là, Félix Fénéon, aussi Lautrec qui avait aidé au décor avec Vuillard et Bonnard, soutinrent la représentation. Le rire de Colette, venue avec Willy, et qui avait l'âge de Jarry, arriva à dominer le brouhaha…

On crut sur le coup que cet *Ubu-Roi* était une parodie folichonne de *Macbeth*, l'ambition d'un homme, aussi grossier fût-il, jointe aux manigances de sa femme, aussi folle soit-elle, avec, dans la droite ligne de la théorie shakespearienne de l'escalier, la conquête du trône et la chute du roi à la clé. Mais si le roi sanguinaire de Shakespeare mourait à la fin, bien puni, celui de Jarry tenait bon en jetant fièrement la dernière réplique : « S'il n'y avait pas de Pologne, il n'y aurait pas de Polonais ! » On comprit qu'il allait continuer de s'abrutir. Ayant lu le texte de Jarry deux mois avant la première, Mallarmé, qui avait vu ce jeune homme chez les Natanson et quelquefois à ses mardis, lui avait écrit le 27 octobre 1896 : « Vous avez mis debout, avec une glaise rare et durable au doigt, un personnage prodigieux… ». Une glaise… durable au doigt.

Là, donc, en 1896, avec une matière de potache empruntée à un camarade du lycée de Rennes et jouée deux soirs, un dramaturge allait bousculer les principes du théâtre comique (qui en était alors à Courteline et à Feydeau) et élargir la perspective dramaturgique vers une cruauté farcesque et macabre, avec un condensé de bêtise par lequel, tel un prophète de malheur, cet Ubu rond et bêta annonçait l'apothéose stupide de l'homme moderne.

Avec un sujet de marionnettes (chez lui, à dix-sept ans, Jarry avait monté *Ubu-Roi* dans un castelet pour égayer sa mère et sa sœur Charlotte) surgirait un tragique fondamental. Car Jarry, en Aristophane rimbaldien, aura eu l'intuition des enfers futurs et annonçait le xxᵉ siècle vingt ans avant les millions de morts de la guerre de 1914-1918, quarante-trois ans avant l'Holocauste, un siècle avant les charniers yougoslaves, et c'est entre autres Antonin Artaud qui, l'humour en moins, se sera chargé d'en prolonger le théâtre cruel, puis Ionesco, puis Samuel Beckett, avec le sens de l'absurde en plus.

Jarry le buveur d'absinthe qui jetait des gouttes d'encre rouge dans son verre, le vélocipédiste aux cheveux lavés de câpres vertes, l'auteur gai et fauché, le garçon qui vécut seul et mourut d'une cirrhose à trente-quatre ans, rompait avec tout ce qui bouge en créant *Ubu*, il tournait tout en dérision. Faisant de ce monstre comique — roi, cocu, enchaîné, sur la butte… — le grand meurtrier collectif. « Alors je tuerai tout le monde et je m'en irai », proclame ce monarque de nulle part. C'était déjà le *Dépeupleur* de Beckett, ou le *Grand Masturbateur* de Dalí, l'ignominie absolue, la laideur enrobée dans sa gidouille. Silhouette pansue et satisfaite de l'imbécile velléitaire et lâche qui sera la figure emblématique — en forme de cible, ne l'oublions pas — de la furie guerrière qui traverse le xxᵉ siècle tout du long. On entrevoyait déjà avec l'Ubu de 1896 la lueur des dictatures modernes, celles de la solution finale puis des nettoyages ethniques.

« Ce n'est pas exactement Monsieur Thiers », avait écrit Jarry six jours avant la première dans *La Revue blanche*, évoquant le président du Conseil et la « semaine sanglante » de mai 72 où la Commune de Paris avait été tragiquement réprimée, et il ajoutait : « Ce serait plutôt l'anarchiste parfait, avec ceci qui empêche que nous devenions jamais l'anarchiste parfait, que c'est un homme, d'où couardise, saleté, laideur, etc.». L'anarchiste parfait avait alors sept ans et son père était douanier en Autriche; il y en avait aussi un autre en Géorgie qui avait dix-sept ans et d'autres, moins parfaits peut-être, qui naîtraient en Roumanie (où l'on verra une parfaite réincarnation de Mère Ubu en la personne d'Elena Ceaucescu…) et plus tard en Serbie avec le minable Milosevic, mais ceux de Pologne furent somme toute assez tranquilles…

En 1900 pile, si l'on veut démarrer ce *Siècle en pièces* avec une exactitude temporelle, Jarry écrit *Ubu enchaîné* qui ne sera créé à la scène qu'en 1937. La pièce passera alors de grotesque à subversive, car, jouée dans la foulée du *Retour de l'URSS* de Gide, elle contenait l'histoire pitoyable du communisme. Un caporal y résumait ainsi la théorie de la liberté : «Vous prenez celle de faire même ce qui est ordonné», et Ubu, embarqué aux galères mais toujours considéré comme roi, y lançait, satisfait : « Je ne commanderai plus. On m'obéit encore davantage.» Mère Ubu, elle, criait plus crûment : «Vive l'esclavage !»

Si le monde allait entrer brutalement dans le XXe siècle en 1914 avec les millions de morts de la Grande Guerre, le théâtre, lui, confidentiellement, grâce à un auteur qui n'était certes pas « grand public » et habitait une chambre jonchée d'os de chouettes desséchés, avait rompu joyeusement avec un siècle de refoulement où Mallarmé désespérait de « l'unanimité des muets». Il y avait eu en 1887 le Théâtre-Libre d'Antoine où Lugné-Poe avait débuté, il y aurait le Théâtre d'art de Stanislavski à Moscou deux ans plus tard, Pirandello à Rome avait vingt-neuf ans et Claudel venait d'écrire *Tête d'or*. Jacques Copeau avait dix-sept ans et Brecht naissait à Augsbourg. Beckett allait venir au monde en Irlande en 1906, l'année même où Jarry crevait de sa cirrhose doublée d'un excès de fièvre cérébrale au 47 de la rue Jacob, dans un établissement où l'on recevait les malades sans le sou.

Il n'avait pas tenu de journal, il ne s'était confié à quiconque sinon sur des petits riens dans des lettres à Rachilde ou à Alfred Vallette, au docteur Saltas, et ses manuscrits sans ratures, bien calligraphiés, ne parlent pas ; il aura ainsi voulu ne pas avoir de biographie pour ne laisser que son œuvre. Elle sera ramassée bien vite par les avant-gardes, des surréalistes aux dramaturges de l'absurde, par Breton qui écrira : « Devant une absinthe colorée d'encre rouge, dans la rue Cassette, notre maître à tous, Alfred Jarry », puis par Ionesco, dont le cadavre d'Amédée sera un Ubu grossissant dans le placard... La Conscience d'Ubu, qui sort de la valise du malotru dans *Ubu cocu,* ce sera le géniteur de Hamm se hissant la tête hors d'une poubelle dans *Fin de partie.* Et s'il est aujourd'hui si capital, ce fameux texte de Jarry, c'est que le système économique et fiscal d'Ubu, cette invention de la « pompe à phynances » et de la « machine à décervelage », prophétisait — nous entrons là dans les arcanes du génie — ce que l'on appelle maintenant avec une résignation entendue la *mondialisation.* Actualité d'Alfred Jarry. Deux fois fin de siècle.

Plus on décervèle, disait le Père Ubu, plus la pompe à phynances fonctionne. Dans *Ubu cocu* les palotins chantent en chœur : « Voyez la machin'tourner, voyez la cervell'sauter. » L'aspiration « phynancière » ayant pour finalité le décervelage absolu, voilà le solide ubuesque. Ne pensez plus et payez. Décervelage égale bonne économie. Ubu, en dînant d'« une plâtrée de cervelles de rentiers », évoquait donc — le 10 décembre 1896 — un monde où la pensée disparaîtrait peu à peu dans le portefeuille. Où le triomphe du marché sonnerait le glas de la pensée. C'était comique, alors...

Trois semaines après la première d'*Ubu-Roi,* Jarry publia un texte où il tirait la leçon de l'échec de sa pièce (car ce fut bien sûr un échec). Il imaginait la vieillesse en général. Écoutons-le divaguer : « Nous deviendrons aussi des hommes graves et gros et des Ubus, et après avoir publié des livres qui seront très classiques, nous serons tous probablement maires de petites villes où les pompiers nous offriront des vases de Sèvres, quand nous serons académiciens, et à nos enfants leurs moustaches dans un coussin de velours ; et il viendra de nouveaux jeunes gens qui nous trouveront bien arriérés et composeront pour nous abominer des ballades ; et il n'y aura pas de raison pour que ça finisse. »

Le 29 mars 1952 le dramaturge Tennessee Williams écrit à son amie Maria St. Just. Il est à La Nouvelle-Orléans et elle est à Londres. Il lui signale une pièce « complètement folle » qu'il vient de lire, publiée chez Gabberbochus Press : « Une des choses les plus drôles qu'on ait jamais écrites. Ce serait merveilleux pour Peter Brook, mais je ne pense pas que la censure laisserait passer. » C'est *Ubu-Roi*.

Du diagnostic comme de l'épure

*La Cerisaie, d'Anton Tchekhov, créée le 17 janvier 1904
au Théâtre d'art de Moscou dans une mise en scène de
Constantin Stanislavski.*

Anton Tchekhov est maintenant marié, lui qui a noté un
jour dans son carnet : « Si vous craignez la solitude, ne vous
mariez pas ! »… Il est aussi académicien, élu le 8 janvier 1900
en même temps que Tolstoï, et là il est seul à Yalta, avec des
maux de tête épouvantables. Je le scrute au-delà du siècle : sur
une photo, il est debout et s'appuie à une armoire… Je pense
à cette réplique de *La Cerisaie* quand Gaïev dit à sa sœur
Lioubov arrivée dans la nuit : « Sais-tu un peu, combien cette
armoire a d'années ? La semaine dernière, j'ouvre un des
tiroirs, je regarde, et j'aperçois des chiffres marqués au fer ;
l'armoire a été faite il y a juste un siècle. Crois-tu ! On pourrait fêter son jubilé. Un objet inanimé, évidemment, mais
tout de même, c'est une bibliothèque… »

Sur cette photo de Yalta, Tchekhov a les mains dans les poches ; tiré à quatre épingles il a certes consenti à la pose. Son regard est aussi étonné qu'attentif. On voit sur la cheminée de briques un petit bateau à trois mâts, blanc. Une autre photo montre sa table, un encrier, des plumes diverses, une clochette et dans un vase des fleurs qui ressemblent à des lilas. À Olga Knipper, qui est à Moscou, il avoue en avril 1903 : « J'écris six ou sept lignes par jour, ma tête à couper, je ne peux pas faire davantage. » Autre lettre de ce printemps-là : « Je ne peux pas écrire, car j'ai mal à la tête. »

Olga Knipper est une comédienne de Stanislavski et l'interprète autant que l'épouse de Tchekhov. Elle presse donc son mari de finir cette pièce dont il leur a décrit le projet en mars 1901 au lendemain du succès d'*Oncle Vania* : « […] une pièce drôle, très drôle, du moins comme je la conçois, ce sera un vaudeville en quatre actes. » Mais ce médecin est malade, sa santé se détériore ; on n'en est plus au temps où il pouvait écrire *La Mouette* à Mélikhovo dans un chalet où les patients attendaient qu'il hisse un petit drapeau au mât de la terrasse, signal des consultations. Il avait mis moins de deux mois à écrire *La Mouette,* il lui faudra plus de deux ans pour terminer *La Cerisaie.*

Et la pièce ne sera pas si drôle… Tout tourne autour de la vente d'une maison, mais c'est aussi la fin d'un monde… Une transaction et une tristesse. Stanislavski en a enfin lu le texte en octobre 1903 et il envoie un mot enthousiaste que Tchekhov lit à Yalta et qui se termine ainsi : « Je vous entends dire : "Mais voyons, c'est une farce." Non, pour l'homme ordinaire c'est une tragédie. » Le dramaturge anglais John Boyton Priestley dira des personnages de *La Cerisaie* : « À un degré plus grand que nous le devinons, il [Tchekhov] les éclaire de cette lumière étrange, tendre et compatissante, d'un homme qui fait ses adieux à la vie. » Dans le titre russe de cette dernière pièce de Tchekhov, *Vichnévbli sad,* il y a, curieusement, ce mot en anglais qui veut dire « triste ».

Tchekhov avait envoyé le manuscrit à Olga et, selon son habitude, il a détruit ses brouillons. Stanislavski n'aura pas été le premier à le lire car on se le passait, avec fébrilité ; l'unique copie se froissait, se tachait. Tchekhov avait écrit à Olga que la perte du manuscrit serait « drôle », aussi croyait-elle qu'il n'aimait pas vraiment sa pièce. Elle en parla à la troupe. On ne savait plus quoi penser. Jeu pervers et nerveux autour d'un chef-d'œuvre. Et Tchekhov, comme si cela était nécessaire, demanda à Olga de solliciter auprès de Stanislavski « l'autorisation » qu'il vienne aux répétitions.

La Cerisaie fut créée le 17 janvier 1904 dans la salle grise du Théâtre d'art de Moscou où Stanislavski avait organisé, à l'insu de Tchekhov avec qui il avait eu des démêlés pendant les répétitions (il ne prit pas le rôle de Lopakhine que Tchekhov lui destinait), une fête publique, une célébration de ses vingt-cinq ans de carrière littéraire, ce qui allait évidemment déplaire au discret docteur Tchekhov. Le plus étrange, à nos yeux, c'est que cet hommage eut lieu entre le troisième et le quatrième acte. Tchekhov n'étant pas venu au théâtre, on alla le chercher et il fut quasiment poussé en scène. L'atmosphère était au triomphe depuis le premier acte et, lui, il avait peine à tenir debout, pâle, épuisé. Des gens lui criaient : « Assoyez-vous ! Reposez-vous, Anton Pavlovitch ! » Il refusait de s'asseoir. On apporta des cadeaux, un encrier ancien, une canne à pêche…

Georges Pitoëff était là : « Après le troisième acte, Tchekhov est venu sur la scène. Il partait le lendemain pour se soigner à l'étranger. Tout le monde le savait condamné. » Stanislavski : « On respirait comme un relent de funérailles. » Irène Nemirovsky, dans Vie de Tchekhov, paru en 1946 après sa disparition dans les camps de la mort : « On fêtait non seulement le Maupassant russe, mais un être humain qui avait vécu avec dignité et courage. »

Le lendemain, Tchekhov écrira : « Ma pièce a été jouée hier, et c'est pourquoi mon humeur n'est pas fameuse. Je veux déguerpir quelque part et, sans doute, avant février, j'irai en France. » À la mi-février il est à Yalta, il a trop de visiteurs, il lit des manuscrits d'inconnus. En mai il rentre à Moscou et doit s'aliter. Début juin, avec Olga qui a fait triompher *La Cerisaie* à Saint-Pétersbourg, il va à Badenweiler afin de soigner sa tuberculose. Le 2 juillet, à une heure du matin, pris de troubles respiratoires, il relève la tête puis s'assied dans son lit, il boit le verre de champagne que lui offre Olga et, regardant son médecin allemand, il lui dit : « *Ich sterbe...* », c'est-à-dire : « Je meurs... » Il avait quarante-quatre ans.

On ramena le cercueil à Moscou dans un wagon plein de blocs de glace qui servait au transport des huîtres. Gorki a décrit ainsi les funérailles : « Derrière le cercueil cheminait une centaine de personnes, pas plus. Je me rappelle surtout deux avocats qui portaient des souliers neufs et des cravates voyantes. On aurait dit des fiancés. Je marchais derrière eux et j'entendais l'un d'eux parler de l'intelligence des chiens. Une dame en robe mauve, avec une ombrelle de dentelle, essayait de convaincre un petit vieux aux lunettes de corne : oh ! il était extraordinairement gentil, et si spirituel ! Le vieillard toussotait d'un air incrédule. La journée était chaude et poussiéreuse. Un gros gendarme sur un gros cheval précédait majestueusement le cortège. »

La première réplique de *La Cerisaie,* dite par Lopakhine : « Le train est arrivé. » Celui-ci ramène de Paris Mme Ranievskaïa, dite Lioubov, et sa fille Ania qui l'y avait rejointe. Ruinée par un amant, la veuve revient dans son pays cinq ans après sa fuite (« Je ne pouvais regarder par la portière sans pleurer »), et elle rentre de nuit dans la grande maison entourée de cerisiers. Elle en repart six mois plus tard. Iacha, son domestique, dit au dernier acte : « Nous montons dans l'express comme si nous n'avions jamais été ici. » De mai à octobre, entre deux trains, aucun drame apparent, un frère que l'on embrasse dans ce qui était la chambre des enfants, quelques pleurs furtifs, des cris d'oiseaux, le souvenir resurgi d'un enfant noyé, un comptable qui joue de la mandoline, des télégrammes que Lioubov va déchirer, une soucoupe cassée par une femme de chambre et puis des danses au son d'un orchestre juif, un trousseau de clés lancé violemment par Varia, la fille adoptive de Mme Ranevskaïa, Lopakhine qui manquera de renverser un candélabre, et vers la fin des coups de hache entendus dans la cerisaie.

Jean-Louis Barrault résumait ainsi le chef-d'œuvre : « Acte I, la cerisaie risque d'être vendue. Acte II, la cerisaie va être vendue. Acte III, la cerisaie est vendue. Acte IV, la cerisaie a été vendue. Quant au reste, la vie… »

Constantin Stanislavski était un très bel acteur au caractère inquiet ; un moraliste sévère, disait Jean Vilar ; il marqua le théâtre de son temps jusqu'à celui d'aujourd'hui et en Tchekhov, sa *Mouette*, son *Oncle Vania*, ses *Trois Sœurs*, sa *Cerisaie*, il avait trouvé l'homme et l'œuvre à sa mesure. On ne connaît guère de plus belle rencontre dans l'histoire du théâtre. Pourtant Tchekhov se méfiait grandement de ce Constantin Sergueivitch qui ne savait pas vraiment sentir la comédie courant sous ses textes… Des notes sévères tombaient sur la table du metteur en scène. Stanislavski, lui, était par contre choqué par l'amitié qui liait Tchekhov à son éditeur Souvarine, un réactionnaire de droite de la pire espèce. Mais en même temps que Tchekhov exerçait son génie d'écrivain, Stanislavski établissait une méthode qui allait profondément modifier le jeu de l'acteur. En Russie la tradition théâtrale n'étouffait rien, on copiait alors les romantiques et la grandiloquence française, mais Stanislavski, fils de grand bourgeois, cherchait simplement à atteindre ce qui s'appelle la vérité. Naturalisme, vérisme ou réalisme, son art allait consister à recréer la vie en scène, non pas en donnant au spectateur l'illusion de la réalité mais en reconstituant devant lui la réalité dans ses moindres détails pour surprendre ainsi, comme par effraction, la vie intime d'un milieu. Sa révolution se faisait contre le style et pour le naturel.

Anton Tchekhov écrivait de longues pièces sans sujet évident où des gens reviennent de la ville puis repartent et entretemps s'ennuient en province ; il proposait un théâtre sans modèle connu, ni hérédité apparente, où les limites étaient imperceptibles entre les sentiments, une situation comique pour lui, une vision tragique pour d'autres ; ainsi ce geste qui paraît léger quand Mme Ranevskaïa laisse tomber par inadvertance son porte-monnaie d'où glissent quelques pièces d'or... Elsa Triolet disait y entendre le cri muet d'une vie qui tombe des mains de Lioubov.

Alexandre Zinoviev, qui apprit son Tchekhov par cœur dans les écoles de l'Union soviétique, sait que ces pièces-là ne sont pas vraiment dépourvues de sujet. Le sujet existe chez Tchekhov comme tous les éléments de la dramaturgie classique ; cependant, c'est l'absence d'action qui donna à cette matière sa forme nouvelle. Tchekhov a rompu l'équilibre entre l'action extérieure et l'action intérieure. Jusque-là le théâtre donnait au texte la fonction d'expliquer ou d'étayer l'action extérieure, événementielle. Tchekhov, qui annonce ainsi Beckett, a détruit ce servage du texte. Il émancipe celui-ci de ses fonctions anciennes. Sachant l'imposture de toute réponse et n'étant pas un charlatan, le docteur Tchekhov ne propose rien, aucun remède ; il observe l'être humain et l'action de ses pièces est subordonnée au règne de l'intelligence ou de la nonchalance des individus réunis, l'accent étant mis exclusivement sur ce que se disent ces gens-là laissés ainsi à eux-mêmes, avec leurs consciences. Contemporain de Freud, il écrit des raisonnements qui ne règlent rien. Puis il introduit l'ennui, c'est-à-dire l'effroi.

Ses personnages, comme Lioubov dont on ne sait rien sinon qu'elle est veuve et ruinée, volage et en deuil d'un enfant de sept ans, sont des rêveurs distraits qui paniquent. Roger Grenier écrit dans *Regardez la neige qui tombe* : « Nous voyons toutes sortes de pensées et d'émotions les assaillir, puis les quitter. Ce sont des provinciaux qui ont réfléchi pendant des années. Ils étouffent lentement. Écrasés par leur vie présente, ils prophétisent des jours meilleurs pour les générations à venir. »

Anton Pavlovitch Tchekhov était, comme le vélocipédiste Alfred Jarry, étranger à la politique et son théâtre est étranger à l'idéologie. Certes il vivait, dans la Russie autocratique et bureaucratique du tsar Nicolas II, parmi ceux qui — tel l'étudiant Trofimov de *La Cerisaie* — sentaient poindre à l'horizon du siècle nouveau un monde différent du leur, mais on lit ses grandes pièces surtout comme des adieux élégiaques à la Russie d'autrefois. L'avenir n'y est que vague avancée vers un bonheur peut-être possible… Astrov, dans *Oncle Vania,* se demande si ceux qui vivront cent ans plus tard auront seulement un mot gentil pour eux… qui fraient le chemin…

Un bouillonnement intellectuel s'amplifiait pourtant depuis 1860, tumulte que Dostoïevski allait saisir dans *Les Possédés* : des partis se formaient, d'une part les nihilistes qui prônaient le terrorisme puis les libéraux qui allaient obtenir une assemblée d'empire en 1905, d'autre part les populistes qui allaient conscientiser les campagnes ou les socialistes qui luttaient contre l'industrialisation. Une révolution grondait qui éclatera d'abord en 1905, exactement un an après la première de *La Cerisaie,* Tchekhov étant déjà mort, puis en 1917, avec le triomphe bolchévique de Lénine qui allait mener à l'Union soviétique de Staline, c'est-à-dire à l'Ubu rouge.

Tchekhov a-t-il vu venir l'Histoire ? Non. En 1902 il écrit à Serge Diaghilev : « Je suis déconcerté par le spectacle de tout représentant de l'intelligentsia encore croyant. » C'était un homme d'un pessimisme intégral. Son Lopakhine, le fils de serf qui achète la cerisaie, incarne une classe qui émerge, la nouvelle Russie où on lotissera les cerisaies afin de louer des villas aux estivants, une Russie capitaliste, en somme. Avec Trofimov, il esquissait plus large, l'étudiant de trente ans affirmait à Ania que la Russie marquait « au moins deux cents ans de retard » et il ajoutait : « pour commencer à vivre vraiment, il faut racheter notre passé, en finir avec lui ». Mais avec qui le dramaturge nous laisse-t-il à la fin de l'acte IV ? Avec le vieux Firs, un domestique dans l'âme, oublié, seul, empoté, qui avant de mourir exhale la réplique la plus tragique de l'œuvre entière : « Ma vie est passée comme si je n'avais pas vécu. »

Anton Pavlovitch Tchekhov était un médecin malade qui regardait ses patients mourir avec une intelligence d'ami. Les diagnostics de l'écrivain avaient la beauté des épures.

En postant de Yalta le manuscrit de *La Cerisaie,* il ajouta une lettre dans laquelle on put lire : « Il me semble que dans ma pièce, si ennuyeuse soit-elle, il y a quelque chose de neuf. À propos, il n'y a pas un seul coup de feu. » Il voulait vraiment qu'on le prenne pour un auteur comique.

« C'est le génie, n'est-ce pas… »

Partage de midi, de Paul Claudel, écrite en 1906 et créée le 17 décembre 1948 au Théâtre Marigny à Paris dans une mise en scène de Jean-Louis Barrault.

Puisque la révolte des Boxers n'est pas nommément évoquée dans *Partage de midi* et que des massacres d'Européens eurent lieu en Chine dans de très anciennes guerres de l'opium, il faudra se fier à l'invention du paquebot de luxe pour raccrocher la pièce de Paul Claudel à un certain calendrier et donc à un siècle flottant entre le XIXe et le XXe, Edwige Feuillère étant la première interprète de l'intemporelle Ysé qui, montant de l'escalier des premières avec De Ciz son mari, apparaissait sur le pont à midi au milieu de l'océan Indien entre l'Arabie et Ceylan.

Julien Green, qui considérait Claudel « inexplicable » et l'estimait tombé du ciel comme un aérolithe, soutient que cet écrivain hors norme ne représentait « ni son temps, ni son pays ». Philippe Sollers, qui lui trouve une volupté biblique, reconnaît que « cet énergumène met en bouillie la notion de siècle ». Et Michel Cournot n'hésite pas à écrire au détour d'une critique : « C'est dur, parfois pas facile à entendre, mais c'est comme Eschyle, c'est grand. »

Immense écrivain en effet que cet ours à la fois rimbaldien et si bourgeois, ancien et moderne d'un seul bloc, catholique et génial, d'une stature sans pareille dans le siècle et dans le paysage de la langue française, où il a élargi la perspective et augmenté le souffle et la souplesse de la phrase. Ce n'est pas un homme que j'aime d'emblée (Cocteau le traita de bébé Cadum et Mauriac de brute) mais c'est un dramaturge capital qui, dans ce XXe siècle où il est mort en 1955 en disant : « Laissez-moi…, je n'ai pas peur », a signé une œuvre devançant ses metteurs en scène, les forçant à imaginer un théâtre ample et neuf qui, tel celui de *Tête d'or* ou de *La Ville,* des chefs-d'œuvre qu'il a écrits à vingt ans, avait pour génial défi de sembler fait pour une absence de scène. Une œuvre colossale qui demeura longtemps injouée, que l'auteur ne tenait d'ailleurs pas à faire jouer trop vite, et que l'on jouera longtemps encore.

Il faut remonter à Mallarmé pour saisir et peut-être aimer Claudel. Imaginer les mardis soirs de la rue de Rome et ce garçon de dix-neuf ans qui dès 1887 grimpait les quatre étages de l'immeuble dans les odeurs de légumes cuits. Ce fils d'une lignée de cultivateurs du Tardenois monté à Paris avec sa mère et sa sœur Camille et étudiant en sciences-po y avait croisé les symbolistes et il allait devenir l'un des habitués de ces mardis du maître.

En 1891 Mallarmé lit *Tête d'or,* publié alors anonymement. Dans ce drame de la grandeur et de la vanité, il retrouve des échos de son rêve d'un théâtre nouveau qu'il décrivait « magique, populaire et lyrique » dans une lettre à Sarah Helen Whitman en 1877. Au Claudel de vingt-trois ans il envoya un mot : « Le théâtre est en vous, et l'autorité de vos personnages me hante, particulièrement. » Le 18 février 1896, Mallarmé écrit à Claudel qui est maintenant à Shanghai : « Vous me manquez, parce que vous auriez une façon de hausser les épaules furieusement, là, sur le petit canapé des mardis, laquelle me réconforterait intimement. » Mallarmé mourra en 1898 et le vice-consul Paul Claudel va, *furieusement* il est vrai, réaliser une œuvre gigantesque, ce Claudel qui décrivit Mallarmé de façon terrible et sublime : « Hamlet, professeur d'anglais ».

Donc on ne l'aimerait pas, ce Claudel, qui ne pouvait, selon Darius Milhaud, supporter l'odeur de la vanille, que Camus décrivait en vieillard avide se ruant à la table sainte pour y bâfrer des honneurs et qui, dans ses *Mémoires improvisés* recueillis pour la radio par Jean Amrouche en 1951, avouait sans ambages, parlant de *Fragment d'un drame,* une chose inachevée faite à vingt ans et qui mène à *Partage de midi* : « C'est la première fermentation... mon Dieu... on peut bien le dire, c'est le génie, n'est-ce pas, dont j'ai pris conscience à ce moment-là. »

On cherche des raisons de ne pas aimer l'homme qui est un si grand écrivain, au-delà même des clichés qui déferlent encore depuis le « Plus jamais Claudel ! » de Mai 68, le colonial, le pétainiste, le papiste, le mauvais frère de Camille, l'homophobe, et l'on se rend compte qu'un être suffisant, conservateur, intraitable, qui renvoie de Fou-Tchéou la femme qu'il aime pour éviter le scandale et écrire une pièce pour s'en dédouaner dans la littérature, ce qui donnera le sublime *Partage de midi,* occupe tout simplement une place centrale et que de ce fait il dérange. On le caricature, la haine qu'il suscite (ou sa forme pacifiste, le désintérêt) est la rançon de sa gloire dans un siècle qui s'est adonné peu à peu (passées les grandes guerres) au nivellement des esprits par le bas, à ce que Boris Vian appelait avec désinvolture l'équarrissage pour tous. Claudel trop grand dans un siècle trop petit. Le génie passé de mode, Malraux en étant la dernière figure entrée par piston au Panthéon.

Pourquoi, si Jarry m'est un ami et Tchekhov un frère, Paul Claudel ne m'est-il qu'un oncle ? C'est qu'il y a des œuvres qui impressionnent au lieu de stimuler et d'attendrir. Je serais acteur, cependant, mon choix serait net envers l'auteur du *Soulier de satin* car depuis Racine, qui faisait plus court, et qui était moins sensuel, le verbe français n'a jamais été si lumineux, le verset lyrique qu'a imposé Claudel vous lançant sur des vagues successives, vous laissant en suspens et vous reprenant pour vous poser sur une absence de point... C'est de la musique et de la science. Claudel reprend à Bossuet l'emploi de l'incidente, sa phrase au lieu de tomber dès un premier terme élargit plutôt des ailes vers d'autres directions et à la fin elle se pose avec une légèreté qui lui donne de la grandeur ; ce que les esprits moqueurs appellent « le grand genre ».

Partage de midi est une splendeur chorale. Un quatuor sur le thème de l'amour. Une femme, trois hommes et trois actes. Le pont ensoleillé d'un paquebot, un cimetière touffu à Hong-Kong, une villa à vérandas dans un port du sud de la Chine. « Un double thème », écrit Claudel dans la préface de 1948 qui accompagne l'édition de la version scénique de ce drame affirmé autobiographique dont il dira alors, avec une minauderie de moine : « aujourd'hui après tant de saisons livré à la publicité ». Ce double thème, outre l'amour et la mort lyriquement liés, est celui de l'adultère avec mari, femme et amant comme chez les boulevardiers, entrecroisé avec celui de la lutte entre la vocation religieuse et l'appel de la chair. Du pur Claudel.

Drame autobiographique certes, car écrit après une liaison avec Rosalie Vetch, une Polonaise que le vice-consul Claudel rencontra sur l'*Ernest-Simons* qui, à la fin de 1900, le menait en Chine. Claudel alors avait échoué à entrer dans les ordres à l'issue d'une retraite à l'abbaye de Ligugé. Mais *Partage de midi* échappe à la définition de l'autobiographie. La complaisance en est exclue autant que le *je*, la mort en est la conclusion, l'idéalisme apocalyptique sa nature, et l'auteur a refusé durant quarante ans que l'on représente son texte à la scène. Ce n'est que sur l'insistance de Jean-Louis Barrault, et après l'avoir remaniée, que Claudel laissa aller sa pièce vers la reconnaissance. En fait, le drame était écrit « pour être autobiographique », comme l'a dit si justement Anne Ubersfeld, pour « donner sens au biographique aléatoire ». Claudel a écrit et réécrit *Partage de midi* avec le sentiment d'écrire et de réécrire sa vie, le biographique et le dramatique étant ici le lieu de *passage* de l'intime au théâtre. Et le théâtre engouffrant tout.

On trouve aussi un fonds autobiographique dans la passion de la Chine du poète de *Connaissance de l'Est* qui écrit à Mallarmé en 1895, dans une lettre célèbre : « La Chine est un pays ancien, vertigineux, inextricable… Elle pullule, touffue, naïve, désordonnée… J'ai la civilisation moderne en horreur et je m'y suis toujours senti étranger… » Puis dans le colonialisme, qui le gênait mais auquel il participait, au monopole de la douane par exemple. Il arriva à Claudel (comme Mesa le fera avec Amalric) d'envoyer un colon français vers des zones plus dangereuses… Et l'on sait, par un article d'un journal de Shanghai, que le vice-consul Claudel participa à une dispersion d'émeutiers qui fit plusieurs morts…

Quatuor sublimé, donc, que *Partage de midi*. Au premier acte Ysé/Rosalie Vetch, son mari De Ciz/dans la réalité un aventurier que Claudel contrôla, Mesa/Claudel et Amalric/personnage inventé, sont sur le pont. Climat de vermouth. Cynisme. Amalric dit : « Nous voilà engagés ensemble dans la partie comme quatre aiguilles, et qui sait la laine que le destin nous réserve à tricoter ensemble tous les quatre ? » On comprend qu'Ysé a eu une liaison avec Amalric, Mesa s'est offusqué de les voir s'embrasser un soir dans la coursive ; puis très vite et très lentement, dans la scène centrale du premier acte, entre la femme et le « petit curé » où le double thème s'engage, un des sommets du théâtre français, il y a cette réplique d'Ysé qui affirme phonétiquement leur identité en miroir : « Mesa, je suis Ysé, c'est moi », formule que lui retourne Mesa au troisième acte : « C'est moi, Ysé. Je suis Mesa. »

En se nommant, ils deviennent non plus des bourgeois vulgaires en voyage, une femme adultère et un jeune diplomate égoïste, mais des figures mythiques et spirituellement explosives, celles de l'arrachement à la banalité du temps et des corps pour entrer ensemble dans l'absolu irréductible de l'amour, accéder au sacerdoce de l'amour, qui exige de la passion, pour en effacer le péché, qu'elle devienne sacrificielle. Ysé dit : « Vois-là maintenant dépliée, ô Mesa, la femme pleine de beauté déployée dans la beauté plus grande ! » Mesa dit : « Mais, tous voiles dissipés, moi-même, la forte flamme fulminante, le grand mâle dans la gloire de Dieu. » Le dernier mot d'Ysé est *mort*, celui de Mesa *midi*.

Du titre, *Partage de midi*, Claudel disait qu'il évoquait la crise, la coupure, autrement dit la mort pour lui qui, écrivant *Fragment d'un drame* avant la rencontre de Rosalie Vetch, après la lecture de Rimbaud et sa conversion à Notre-Dame de Paris, faisait dire à une jeune femme : « Ami, oh j'ai une horreur de ce monde pervers, mais il y a une chose meilleure que tout, c'est de dormir dans le sommeil du sang et de la mort. » Elle s'appelait Marie... on entend *Tête d'or*, et elle sera dona Prouhèze disant à Rodrigue : « Je suis une épée au travers de ton corps... »

La mort d'amour d'Ysé et de Mesa dans la villa qui explosera (De Ciz est mort, Amalric enfui, l'insurrection a gagné du terrain) était d'un lyrisme beaucoup plus sauvage dans la première version de *Partage de midi*, celle qu'Antonin Artaud créa subrepticement en 1928 à son Théâtre Alfred-Jarry, ne jouant que ce troisième acte et terminant la représentation en criant : « La pièce que nous avons bien voulu représenter devant vous est de M. Paul Claudel, ambassadeur de France aux États-Unis... qui est un traître ! » Attentat précurseur du futur auteur de *Pour en finir avec le jugement de Dieu*. La version connue maintenant, celle que Claudel remania pour Barrault en 1948, ne contient pas cette réplique qu'avait sûrement hurlée Artaud : « Et au-dessus de l'amour, il n'y a rien / Pas même vous, mon Dieu. »

Dans des lettres à Francis Jammes, Claudel avoua ses scrupules de croyant et sa crainte de faire lire à son confesseur cette pièce faite, disait-il, d'« une espèce d'explosion inconsciente de [s]es sentiments intérieurs ». L'insistance de Barrault eut raison en partie des scrupules du vieux Claudel (l'auteur avait quatre-vingts ans à la création de ce chef-d'œuvre de jeunesse) qui jeta néanmoins au panier cette phrase pas si impie, tout de même, puisque, semble-t-il, « Dieu est amour », et le dramaturge en profita pour mettre en pratique une des leçons de Mallarmé, « le regard ennemi », ce retour sur le texte mais comme en adversaire, la schize où le scripteur devient le lecteur, c'est une schizophrénie de maître.

On le disait gênant aux répétitions, le Claudel, qui, dur d'oreille, montait en scène pour écouter de trop près les acteurs, qui y allait d'indications spontanées et qui devant un problème d'accessoire pour le troisième acte laissait tomber : « Il y avait autrefois rue du 4-Septembre une maison spécialisée dans les meubles chinois… » Alors que dans sa jeunesse il avait manifesté une totale indifférence aux problèmes posés par le théâtre, il ne cessait, devenu vieux, de vouloir y mettre le nez.

Une célèbre photo le montre assis dans la salle du Marigny quand passe au-dessus de lui un oiseau, un pigeon venu s'égarer dans le théâtre. L'ayant vu, et sa tête étant renversée, il se touche le menton de la main droite et, les yeux au ciel, il a la bouche ouverte des enfants trop attentifs. C'est un vieux monsieur qui peine à sourire.

« Le théâtre, certes, est en vous », lui avait dit Mallarmé en 1891 mais Claudel allait peu au théâtre des autres, il traduisait l'*Orestie*, il lisait Lao-Tseu, il allait souvent à la messe et commentait le soir des versets des deux Testaments ; diplomate et catholique, il accepta l'hommerie et crut en Dieu ; écrivain et poète, il dégaina la langue française.

Jean Genet, son dissemblable, l'appelait « l'honorable adversaire ». Genet ne lisait plus que Claudel et Nietzsche à quelques mois de sa mort, en écoutant la musique de Mozart. Dans une lettre à Patrick Prado postée de Madrid en janvier 1970, Genet exprima ce que je pense : « La religion n'admet pas les poètes. La poésie ne sert aucune idéologie. Elle reste en travers de la gorge de toutes. La poésie rejoint les hommes, salauds ou non. Elle atteint ce qui en chacun de nous nous fait semblable à l'autre, qui est n'importe qui. Les passages poétiques de Claudel emmerdent la religion. Ils la repoussent très loin dans la conscience et dans le temps. Écoute la messe de la *Beate Virgine* de Monteverdi ! Quand il la compose il n'a pas la foi, c'est un grand musicien qui est au boulot. Je ne connais pas de types convertis par cette messe. »

Antoine Vitez affirma un jour de l'été 1987 qu'il avait mis en scène l'intégrale du *Soulier de satin* au risque de sa conversion. Il monta ensuite *La Célestine* de Fernando de Rojas, qui raconte l'histoire d'une maquerelle, puis *La Vie de Galilée* de Bertolt Brecht, qui brosse celle d'un hérétique, et il mourut d'une rupture d'anévrisme durant la Nuit des Molière. Je lui dois d'avoir *entendu* Claudel, c'était dans la nuit avignonnaise avec, entremêlés, le cri des martinets et la caresse du mistral. Le jour s'était levé avec une grâce accrue. Genet a raison de comparer Claudel à Monteverdi. Et Julien Green de le dire *inexplicable*.

Cela a lieu en ce moment et toujours

Six personnages en quête d'auteur, de Luigi Pirandello, créée le 9 mai 1921 au Teatro Valle à Rome dans une mise en scène de l'auteur assisté par Dario Nicodemi.

Eleonora Duse, qui ne jouera pas Pirandello, meurt dans un hôtel de Pittsburgh au sortir d'une pièce qui a pour titre *La Porte close.* Georges Feydeau, syphilitique et fou, bavarde avec les oiseaux dans le parc d'une clinique à Rueil-Malmaison. Sarah Bernhardt va disparaître bientôt, amputée et déjà s'allongeant le soir dans son cercueil. Man Ray court photographier Marcel Proust sur son lit de mort. Jean Genet a dix ans, c'est un voleur.

Aux actualités Pathé une gueule alors en impose, il a le menton en char d'assaut : Mussolini marchant sur Rome avec des milliers d'hommes en chemises noires. Nous voilà donc passés de l'autre côté de la Grande Guerre — de ses neuf millions de morts — et le XXᵉ siècle est bien là, brutal, pressé, neuf. En France ce sont les Années folles, rue de l'Odéon on peut acheter un roman de James Joyce, en Allemagne un prisonnier écrit *Mein Kampf* et en Italie ça va sentir de plus en plus le fascisme. Le *Duce* prendra le pouvoir en 1922. Les futuristes s'essoufflent déjà mais les trains vont enfin arriver à l'heure.

Luigi Pirandello a cinquante-quatre ans en 1921. Le 9 mai, à Rome, il quitte le Teatro Valle sous les insultes. C'est un homme digne, il a la silhouette d'un père et la barbe en pointe du *professore*. Des spectateurs l'attendaient qui lui crient « *Buffone!* » et le poursuivent dans les rues voisines. Ses acteurs se sont enfermés dans les loges pour une partie de la nuit. Le lendemain la critique sera cependant élogieuse mais on avertit l'éventuel amateur de théâtre qu'il n'y comprendra pas grand chose. Et puis le 13 mai la direction du Teatro Valle remettra à l'affiche *La figlia di Iorio* de Gabriele D'Annunzio, retirant après quatre représentations *Sei personaggi in cerca d'autore*.

Il n'existe ni photos ni archives de la création de cette pièce maintenant célébrissime. Que des portraits d'interprètes, Luigi Almirante qui joua le Père et Vera Vergani qui fut la première la Belle-Fille. Savaient-ils ce soir-là, en déclenchant une bagarre qui rappellerait à l'italienne la fameuse bataille d'*Hernani*, qu'ils entraient en scène en formant à six (le Père, la Mère, le Fils, la Belle-Fille et deux enfants) le groupe de *personnages* qui allait rapidement devenir le plus célèbre de l'Europe, une famille qui se disait « née de l'imagination d'un auteur qui n'avait cependant pas voulu les mettre au monde, au monde de l'art… » Ils apportaient un drame, disait d'entrée de jeu le Père au Directeur du théâtre, mais la pièce était à faire…

Sur une scène à l'abandon, sans décor, le rideau levé, ce spectacle insolite désempara son premier public. Pirandello, avantageusement connu comme romancier, avait eu l'audace de remettre en cause le théâtre au théâtre, de le moquer, apparemment, mais il en montrait étrangement la machine dans son impuissance, avec ses limites, et faisait de cet art ainsi stigmatisé le sujet exclusif de l'affaire, y brûlant à vue les terres confortables de l'intrigue et (c'est ce qui choqua beaucoup) de la conclusion... Cette prétendue « pièce à faire » — c'était le sous-titre inscrit sur le programme — n'était finalement pas jouée. Qui étaient ces six personnages introduits par un huissier auprès d'acteurs en répétition (« une étrange lueur, à peine perceptible et qui semble rayonner d'eux, les entoure ») et se présentant au Directeur en affirmant présomptueusement « nous vous apportons un drame » ? Ils ajoutaient, devant l'incrédulité de tous : « nous sommes nés personnages de théâtre »... S'ensuivait alors une discussion sur la vie et le théâtre, entre la vérité et l'illusion, interrompue une première fois quand le groupe sortait de scène pour établir un canevas du drame, et une seconde fois quand un machiniste baissait le rideau par inadvertance.

L'échec du spectacle à Rome se transforma en pur triomphe à Milan à peine quatre mois plus tard et, dès 1922, La pièce *Six personnages en quête d'auteur* fut mise en scène dans toutes les grandes capitales, jusqu'à New York. Georges Pitoëff aura l'idée de faire apparaître la famille non plus venant du fond de la scène mais montant ou descendant d'un monte-charge (Artaud qui devait y jouer le Souffleur fut remplacé au pied levé). Max Reinhardt, dont Brecht est le nouvel assistant, présenta la pièce à Berlin ; on la joua à Prague où peut-être Kafka la vit, et à Londres où George Bernard Shaw s'exclama : « [...] l'œuvre la plus puissante et la plus originale de tous les théâtres, antiques et modernes, de toutes les nations. »

Luigi Pirandello était venu tard au théâtre, un milieu qu'il craignait et où il n'allait pas, menant une vie rangée de professeur, marié depuis l'âge de vingt-six ans avec une femme qui sombrait lentement et sûrement dans la folie. Il avait écrit sa première pièce à quarante-neuf ans (*Chacun sa vérité*, sur une épouse folle) et il en écrira dès lors quarante-trois, en laissant à sa mort une quarante-quatrième inachevée. C'est le théâtre qui établira sa célébrité dans le monde et lui vaudra le prix Nobel en 1934. Sa vie d'avant *Six personnages* avait été celle d'un petit-bourgeois lettré profitant du dimanche pour écrire treize heures en ligne des nouvelles et des romans dont le premier, *Feu Mathias Pascal*, fut en 1904 un grand succès ; il contenait déjà l'essence de ce que l'on appellera « le pirandellisme », une théorie élaborée par son ami et critique Adriano Tilgher qui finira par le limiter après l'avoir tant inspiré : le pirandellisme ou la mise en forme d'un système théâtral autour de l'idée que la communication est un leurre et que le conflit est incessant entre la Vie et la Forme où on voudrait la saisir, la fixer, la figer.

Avec les drames spasmodiques de Gabriele D'Annunzio, ce Maeterlinck éroto-narcisssique qui épuisa la Duse, le théâtre italien dégageait depuis vingt ans des vapeurs délétères. Rien de vif depuis Goldoni. Avec *Chacun sa vérité* et *La Volupté de l'honneur*, créées durant la guerre de 1914-1918, un air neuf traversa la scène italienne. Pirandello installait un théâtre d'apparence boulevardière mais où l'angoisse était palpable, et déstabilisante, augmentée de plus par des derniers actes généralement irrésolus ou ambigus. Il reprenait les sujets de ses nouvelles (vingt-huit des quarante-trois pièces sont issues de sa prose romanesque) qu'il mettait pour ainsi dire à l'épreuve oppressante du théâtre. L'allure était certes contemporaine : salons bourgeois, téléphones blancs, feutres et organdi, mais le dialogue dérogeait, inquiétait, ruinait les valeurs établies de la jalousie et de l'adultère et dérégularisait jusqu'au triangle amoureux. Il n'y avait plus rien d'évident. Cette dramaturgie intellectuelle et noire allait s'imposer, au lendemain de la guerre, avec l'exploit de *Six personnages*. Copeau à Paris, Stanislavski à Moscou, Max Reinhardt à Berlin avaient depuis le début du siècle déblayé le terrain théâtral ; il leur manquait des textes neufs. Ils étaient en somme en quête d'auteurs.

Pour s'opposer au boulevard régnant, ces hommes de théâtre progressistes avaient le choix entre les auteurs classiques ou les auteurs d'avant-guerre, c'est-à-dire Ibsen, Strindberg, Tchekhov. Claudel n'était pas encore joué. Pirandello, qui allait ouvrir la voie à la future distanciation brechtienne, était donc ce dramaturge nouveau que l'on attendait. On le surnomma « le sorcier italien ». Il occupa la scène européenne des années 1920 jusqu'à sa mort en 1936, grisé par le succès, écrivant sans répit, pirandellisant, dirigeant ses tournées et fondant le *Teatro d'Arte* à cinquante-huit ans. Dans ces années du fascisme il livrera des œuvres si nombreuses que parfois elles franchiront à peine les premières, mais il aura laissé des œuvres qui, des décennies plus tard, connaîtront de grandes reprises, redécouvertes par Jean Vilar et Giorgio Strehler, et à la fin du siècle par Anatoli Vassiliev, Klaus-Michael Grüber, Georges Lavaudant.

Venu de la littérature, Luigi Pirandello fut un didascaliste totalitaire. On n'en connaît pas de plus maniaque. Il prévoyait tout, l'emplacement du fauteuil, le mouvement du personnage, le caractère du regard. À cette époque, le directeur — comme celui qu'il met en scène dans *Six personnages* — décide d'un sofa autant que de la façon de s'y asseoir. « Nous prendrons le salon rouge », dit le Directeur au Régisseur qui vient de lire la didascalie de la pièce que l'on va supposément répéter quand soudain arrivent les six personnages… Pitoëff disait : « C'est le théâtre fait homme. »

Dans la préface qui accompagne l'édition de 1925, Pirandello explique que c'est l'Imagination, « la petite servante », dit-il, mais à qui il met un I majuscule, qui lui présenta ces six personnages. Il le vit tout de suite, ce groupe. Les visages. Les tenues. Et puis l'histoire malheureuse. Le mauvais sort. Ça pouvait, pensa-t-il, faire un drame classique, quelque chose d'Ibsen — famille, sexe et mort (le Père tente de séduire une fille qui se révèle être l'enfant que sa femme a eu avec un autre homme, une fillette se noie, un garçonnet se tire une balle).

Ces ombres vives, ces gestes fatals le hantent. « Nés vivants, ils voulaient vivre », écrit-il. Une pièce est à faire mais il lui vient l'idée de présenter ces « personnages-là à l'état pur ». Il les fait donc entrer dans un théâtre, l'après-midi, quand une troupe répète une pièce de Pirandello... Le Père se présente et demande un auteur pour que l'on puisse créer leur pièce à eux. Le Directeur, éberlué, les traite de fous et le Père réplique : « La folie, c'est de chercher la vraisemblance sous prétexte de donner l'illusion du vrai. Et cette folie-là, excusez-moi de vous le faire remarquer, c'est la seule raison d'être de votre métier. »

En fomentant ce subterfuge intellectuel qu'est *Six personnages en quête d'auteur*, Pirandello avouait refuser le drame réel puisque le théâtre ne saurait le recevoir dans sa pureté d'origine, sa mise en scène tuant la vérité. Mais quelque chose se passe tout de même et c'est dans cette joute verbale que le théâtre va lentement s'imposer dans une magie renouvelée du verbe. Si le drame véritable a déjà eu lieu et ne se repré-sente pas, le malheur, lui, est sans trêve et, comme le dit la Mère au Directeur du théâtre — réplique sublime : « Cela a lieu en ce moment et toujours... »

Commentaire magistral, virtuosité dialogique, voilà ce qui fit la réputation historique de cette pièce de Pirandello qui, faisant théâtre du théâtre même (on dira à satiété « le théâtre dans le théâtre »), mettait en scène la mise en scène elle-même. Ce que feront plus tard Brecht, dans un esprit didactique, et Genet, dans un tour pervers. Écriture de la représentation, mise en évidence de la fabrication, *Six personnages* répercutait l'écho de la mutation majeure du théâtre au début du XXe siècle. Car Pirandello prenait en compte l'in-vention de la mise en scène. Il en cernait l'intelligence avec superbe et cet écrivain tardivement venu au théâtre, membre du parti fasciste, indiquait la sortie au lyrisme. En le mettant à nu, il renouvelait le théâtre, il le faisait triompher en décor-tiquant son artifice.

Comme Tchekhov, Pirandello était un ironiste. La dernière réplique de *Six personnages* en fait foi lorsque le Directeur, épuisé, après que le garçonnet (épilogue de la pièce non faite) s'est tiré une balle, que la Mère a poussé un cri déchirant et alors que les Acteurs débattent entre eux de la véracité du coup de pistolet, lance : « Fiction ! Réalité ! Allez tous au diable ! Rien de pareil ne m'était jamais arrivé !… Encore une journée de perdue ! » Cet humour-là est fait d'une angoisse frénétique.

Pirandello s'est résolu en 1913 à faire enfermer sa femme avec qui il a vécu vingt ans d'un enfer conjugal. Elle avait tenté de l'assassiner avec une épingle à cheveux et vivait entre la prostration et l'attaque à coups de pieds dans la porte de son bureau, via Sistina. Lui, il aura vécu sa propre démence dans l'écriture boulimique en faisant de la folie son sujet privilégié, en particulier dans ce chef-d'œuvre que sera *Henri IV,* observant de pièce en pièce les apparences contradictoires de ses semblables, cherchant à traquer la vérité là où, nous dit-il, elle n'est déjà plus si on l'aperçoit.

Un personnage de *Comme ci ou comme ça* déclare : « J'ai un peu l'impression de l'éclat d'un miroir, un miroir qui serait devenu fou. » Comme Sarraute le fera avec le langage, Pirandello interroge la personnalité, et le jeu de l'un par rapport à l'autre, signant une dramaturgie de la rupture du moi. Qui êtes-vous ? Qui suis-je ? Il n'y a aucun personnage à l'état pur, il n'y a qu'apparence, donc incommunicabilité. Le Père dit au Directeur : « Nous avons tous un monde en nous, et pour chacun c'est un monde différent. Comment pourrions-nous nous entendre si les mots que je prononce ont un sens et une valeur en rapport avec l'univers qui est en moi, tandis que celui qui m'écoute leur donne inévitablement un sens et une valeur en rapport avec l'univers qu'il porte en lui ? » Pirandello ne cessa de contempler les éclats du miroir où le moi multiplié est irrécupérable.

Ce Sicilien avait un sens du dialogue suffocant. Il vissait

ses raisonnements. Dramaturge dialectique et rhétorique, il agaça Sartre qui trouvait que ses pièces étaient en porte-à-faux et ne posaient pas les vrais problèmes ; il barbait Colette qui écrit en 1935, en sortant des Mathurins où l'on donnait *Ce soir, on improvise* : « Tout cela m'ennuie un peu. » Il demeure — et c'est phénoménal — le dramaturge qui s'est voulu assez réaliste pour détruire notre foi en la réalité.

Comme la plupart des gens de sa génération, Pirandello était fasciste, bien sûr. Mais le mot, alors, n'avait pas tout son poids. Il accepta de l'argent de Mussolini pour fonder son théâtre, mais l'on cherche en quoi le fascisme aurait imprégné son œuvre. Curzio Malaparte écrit en 1947 dans *Journal d'un étranger à Paris* : « Pirandello était fasciste, inscrit au parti, il tenait Mussolini en haute estime et ne s'en est jamais caché. Mais sur le terrain de l'art il fut parfaitement intransigeant et ne céda jamais, pas plus à la peur qu'aux flatteries. »

En 1933 le nom de Pirandello apparaît dans la liste des écrivains *décadents* établie par le député Goebbels qui sera bientôt le ministre de l'Information et de la Propagande du chancelier Hitler, car Adolf Hitler est maintenant entré en scène et c'est un personnage en quête de terreur, ce sera Ubu au Reichstag. Le XXe siècle va alors basculer une seconde fois dans la guerre mondiale et le vieux Pirandello, qui meurt tout juste avant le grand drame, laisse une pièce sans dernier acte, un acte abandonné à la feuille blanche…

À son fils il raconta cet *acte à faire* des *Géants de la montagne* et il lui laissa un testament de pénitent : « Quand je serai mort, qu'on s'abstienne de me vêtir ; qu'on m'enveloppe dans un linceul ; qu'il n'y ait point de fleurs sur le lit, ni dans la chambre… Qu'on m'emmène dans la voiture du pauvre. Nu. Et que personne n'accompagne ma dépouille, ni parents, ni amis. La voiture, le cheval, le cocher… Et c'est assez. » On dispersa ses cendres dans la campagne d'Agrigente, au lieu-dit le Chaos…

Le froid des forêts noires

*Mère Courage et ses enfants, de Bertolt Brecht, écrite
en 1938 et créée le 19 avril 1941 au Schauspielhaus de
Zurich dans une mise en scène de Leopold Lintberg.*

Les premières actualités du siècle à peine jouées — le vol
au-dessus de l'Atlantique, le krach de Wall Street, la rumeur
hitlérienne, la guerre d'Espagne —, elles ont déjà un chroniqueur féroce et le théâtre est soudain sous sa plume devenu
politique. Voilà même que *Mère Courage et ses enfants,* pièce
arrachée à l'histoire de la guerre de Trente Ans qu'il écrit
dès 1938, devance la Seconde Guerre mondiale qui ne va
éclater que le 1er septembre 1939. Ce chroniqueur sur la
brèche, c'est évidemment le grand dramaturge du xxe siècle.
Mais son œuvre — comme celle des révolutionnaires —
n'agit plus maintenant qu'en sourdine, à la manière des
consciences.

Jeunesse d'un garçon allemand

C'est le fils d'un industriel bavarois du papier qui fait sa médecine à Munich. À vingt ans il charroie et rafistole des corps blessés dans un hôpital de l'arrière près d'Augsbourg où il est né. 1918. La Grande Guerre s'étire, achève. Bertolt Brecht, le soir, après les pansements, s'en va gratter sa guitare dans les baraquements. Des soldats qui vont crever écoutent ce brancardier qui chante faux mais dont la complainte a la séduction grossière des ballades de brigands ; un goût d'orgue de barbarie passe dans la boue.

C'est un garçon timide, passé du patriotisme au pacifisme pour un poème, avec Baudelaire en tête et la littérature dans sa poche : Zola, Novalis, Villon… La guerre finie, l'université va vite le lasser, il va traîner sa violence et puis sa tristesse, comme sa gueule, qui n'est pas jolie, dans les cabarets de Munich où se répercutent l'anarchie et la mélancolie d'une Europe qu'on ne peut imaginer qu'en noir et gris. C'est l'Allemagne des romans de Gerhardt Hauptmann, solitude et suicide à la clé. Lui, il écrit des poèmes sur la mort, il chante la misère et — car il est gai aussi et sera artiste — il se mêle aux faire-valoir burlesques de Karl Valentin dans quelques cabarets enfumés ; il joue de la clarinette la casquette rabattue et retourne parfois à Augsbourg (du moins jusqu'à la mort de sa mère en 1920) où il écrit à vingt et un ans sa première pièce, *Baal*, dans le silence d'un vaste grenier. Seul.

Portrait de Baal

C'est un texte sauvage, au ton rimbaldien, aux dialogues vifs et crus et que Brecht va récrire trois fois. À sa manière brusque et lunaire, ce sera son *Tête d'or* à lui, la semence d'une œuvre ; l'histoire brutale d'un garçon sale et gras, un tombeur de filles qui se fout d'elles et les éloigne, son prénom est Baal et c'est celui d'un dieu mais en l'occurrence c'est un mécanicien au chômage. Baal va tuer son meilleur ami à cause d'une putain. C'est un garçon violent qui hurle : « je suis un amoureux sans amante » et se demande pourquoi on ne peut pas « coucher avec les plantes »… Brecht s'instruit de forêts et d'algues, de chaos et de vent, ses fantasmes sont la décomposition et l'engloutissement. Plus tard, la révolution qu'il appelle sera une grande illusion… car il la réalisera au théâtre.

Le jeune Brecht lutte déjà contre un mal qui le ronge, et qui est le sentimentalisme ; dans *Baal* flotte une ambiguïté sexuelle où la liaison de Verlaine et de Rimbaud ne passe qu'en mode subliminal pour y être à l'évidence trop niée, rejetée. Voilà enfoui dans une œuvre de jeunesse le secret d'un garçon à la sensibilité animale. Brecht écrira dans *Sermons domestiques* en 1927, dix-neuf ans après *Baal* : « Moi, Bertolt Brecht, je viens des forêts noires. Ma mère vint, quand j'habitais son corps, dans les cités : le froid des forêts noires sera en moi jusqu'au jour de ma mort. »

Entrée des artistes

Georg Büchner, bien sûr, l'auteur de *Woyzeck* mort à vingt-trois ans en 1837 : cet enfant-ancêtre hantera à jamais le théâtre de Brecht. Celui-ci lui devra la liberté de forme, le goût du fait divers et l'amour du pauvre. Et puis aussi l'excentrique Frank Wedekind qui meurt en 1918. Brecht à vingt ans aperçut-il le quinquagénaire boiteux récitant ses poèmes amoraux d'une voix fêlée dans un cabaret de Munich, hissé sur une table ? Il s'inclinait très bas devant l'auteur de *L'Éveil du printemps* et de *Lulu*. Influences majeures que celles de Büchner et de Wedekind. Le socialiste et le fantasque, même combat. Wedekind, autant ménestrel qu'intellectuel, bête noire de la bourgeoisie, coléreux et vitriolique, avait la passion des cirques et des zoos, c'était un anti-ibsénien de choc et un indomptable animal d'estaminet. Brecht, dans ses *Écrits sur le théâtre*, dira de lui : « S'accompagnant à la guitare, il chantait ses chansons à la Bonbonnière, d'une voix rêche, un peu monotone et totalement dépourvue de métier : jamais chanteur ne m'a autant bouleversé. »

Plantation de décors

Forêt et cabaret, donc, pour ce qui est des lieux, et puis misère et chanson pour les états et les constats. Des arcs plutôt contraires auxquels Brecht installera solidement la balistique de son théâtre — que l'on dira épique autant que politique — où il va prendre pour cibles les grandes aliénations, d'*Homme pour homme* à *Mère Courage*, entre le lavage de cerveau d'un docker fait soldat aux Indes et le commerce de boucles de ceinturon d'une cantinière sur les routes de la Suède en guerre. Théâtre didactique — parfois, car il faut pointer, viser —, mais moral avant tout. Une grande démonstration morale faite en scène, que l'on doit recevoir avec les yeux de la tête car le cœur c'est autre chose…

Largeur d'une œuvre

Entre le Shakespeare barde et le Charlot soldat, Brecht va ratisser large, brossant des guerres et y silhouettant des hommes tristes ; entre la chronique médiévale et quelque chose du cinéma d'Eisenstein, il va prouver la force des équations horizontales où l'on n'écrit jamais le mot FIN ; entre l'actualité et l'histoire, il fera théâtre de la guerre d'Espagne en cours et recréera les *Jours de la Commune,* pigeant chez John Gay pour *L'Opéra de quat'sous* et chez Gorki pour *La Mère,* prenant ce qu'il veut (« comme on fait son lit on se couche », chante cyniquement la Mère Courage) dans le théâtre des autres, intégrant le nô et le théâtre chinois, transposant l'Allemagne en Amérique pour déjouer la réalité et créer ce qui sera sa grande affaire, sa réforme, le tournant dans l'histoire de la pratique théâtrale, ce que l'on appellera la *distanciation,* à la fois son pirandellisme et son cliché, mais le fameux et si essentiel *Verfremdungseffekt* qui dégagera le théâtre de sa fonction sentimentale, de ses valeurs émotives. Brecht désaliénant le spectateur… quand — lui-même devenu célèbre — il se dissimule derrière ses cigares virginiens, ses sahariennes d'ouvrier, ses secrétaires aux plumes généreuses, et ses contradictions allant du compte de banque en Suisse au prix Staline qu'il reçoit à Moscou en 1955.

Retour à Berlin

En 1923, Brecht est assistant de Max Reinhardt au Deutsches Theater où l'on joue les *Six personnages* de Pirandello. Il écrit ses premières pièces expressionnistes, il a reçu le prix Kleist et il fréquente l'extravagant Piscator. C'est le Brecht de *Dans la jungle des villes* qui vit dans le Berlin de Biberkopf, grouillant, sale, où les hommes marchent comme des ombres. Alfred Döblin en décrit toute l'âpreté dans *Berlin Alexanderplatz.* Brecht vit entre les cafés et les coulisses. On jouera *Tambours dans la nuit* dans un *Kammerspiele.* Sa maîtresse s'appelle alors Marianne Zoff et la nuit, sur un mur de sa mansarde où il a punaisé un plan de la ville, il plante de petits drapeaux là où se forme une cellule communiste. Il attend la révolution…

Entrée de Hitler

Mil neuf cent vingt-trois. C'est l'année où le nom d'Adolf Hitler circule, amuse, inquiète : un caporal déçu qui tâte de la politique et a fondé le Parti national-socialiste des ouvriers allemands. Il a un programme à forte odeur nationaliste et une éloquence brutale. Ratant un putsch à Munich, un procès va s'ensuivre qui servira à le faire connaître plus encore. On l'incarcère ? Il écrit *Mein Kampf* ! Ses idées sont alors des plus ambitieuses, évoquant un Ordre nouveau qu'il pourrait imposer à l'Europe. Il sort de prison en 1925 et la crise économique de 1929 sera sa chance. Sur la misère sociale il installera son pouvoir de conviction, et le peuple votera pour lui en 1933. Le siècle pourra exploser.

Jusqu'en 1933 les intellectuels allemands jugeaient Hitler idiot. Ils ont maintenant en face d'eux un monstre. Les messes de Nuremberg effraient. Le ministre Goebbels publie sa liste des artistes « dégénérés ». La chasse aux Juifs est ouverte. Le samedi soir, les autodafés égaient la jeunesse hitlérienne. Ödön von Horvath, qu'un arbre frappé par la foudre va tuer à Paris en 1938, a décrit dans *Un fils de notre temps* ce fascisme ordinaire. Brecht, qui est célèbre depuis la création de *L'Opéra de quat'sous* en 1928, s'est exilé en Suisse dès 1933 avec Helene Weigel devenue sa femme, et toujours son actrice. Il écrit *Grand'peur et misère du IIIe Reich*. Ils ne reviendront en Allemagne qu'en 1948.

C'est à Zurich qu'il va donc écrire *Mutter Courage und ihre Kinder* pour la Weigel à qui le rôle va comme un gant du destin, et pour l'histoire ouverte comme une plaie, pour dramatiser ce qu'il sent comme une évidence, ce conflit guerrier qui va bientôt s'étendre à l'Europe et rééditer l'horreur de 1914. Cette pièce rude et admirable sera créée en pleine guerre. Brecht et sa femme n'en verront pas la représentation car ils sont repartis vers la Finlande et seront bientôt au

milieu de l'océan ; ils débarquent le 21 juin en Californie.
Le 22 les troupes nazies entrent en Union soviétique.

Histoire de la Mère Courage

Margarete Steffin, l'une des assistantes de Brecht, a beaucoup travaillé à ce qui deviendra la pièce emblématique du théâtre brechtien. Ils ont trouvé dans la littérature allemande un roman signé par Grimmelhausen, Hans Jakob Christoffel von Grimmelhausen, narrateur baroque mort en 1676 après avoir été soldat, viticulteur, aubergiste puis écrivain. Cet auteur a laissé une chronique célèbre, *Simplicissimus*, et un roman, *La Vagabonde Courage*. Comme le faisaient Shakespeare et Molière, Brecht prend son bien où il le trouve et accapare cette histoire d'une aventurière traversant une série de vicissitudes durant la guerre de Trente Ans : une histoire de fille qui vole, triche et fait la pute, qui devient cantinière et périt sur un bûcher avec des bohémiens.

De la vagabonde de Grimmelhausen, Brecht fait cependant une marchande, une cantinière, mais ni voleuse ni putain ; il lui donne deux fils, Eilif et Petit-Suisse, une fille muette, Catherine, tous de pères différents, puis une charrette de friperies et de flacons, des moineaux misérables à faire cuire, des tonneaux de bière et le drapeau de chaque armée engagée dans la guerre entre les princes protestants et les empereurs catholiques. Cette Mère Courage vend sa camelote sur les routes, pactise avec un aumônier protestant et un cuisinier catholique, tente de protéger ses fils contre l'enrôlement et y perdra ses enfants. Elle s'appelle Anna Fierling. Elle maudit la guerre à l'occasion mais y trouve son compte. Au dernier des douze tableaux, elle enterre sa fille muette en lui disant : « dors mon amour », puis elle reprend la route derrière un régiment.

Deux cris sans voix

Quand, après la guerre, Helene Weigel joua enfin la Mère Courage à Berlin, le 11 janvier 1949 au Deutsches Theater dans une mise en scène que Brecht cosignait avec Erich Engel, qui était juif, on laissa tomber le rideau final dans un silence que des sanglots brisaient ; puis les applaudissements menèrent à l'épuisement une salle devant laquelle la Weigel, Brecht et Engel, Angelika Hurwicz qui joua la muette, et Paul Dessau qui signait la musique, revinrent saluer une bonne partie de la nuit.

Disparate comme le veut le genre de la chronique, le récit de *Mère Courage* multiplie lieux et années, ici on saute trois ans, là on est « au plus beau moment de sa carrière commerciale », puis on rencontre « épidémies, carnages, famine », mais deux moments d'une émotion rentrée donnent à l'ensemble sa force : deux cris demeurés muets, l'un que retient la Mère Courage en regardant sur une civière son fils mort car elle ne doit pas le reconnaître sous peine d'être arrêtée, l'autre qui reste dans la gorge de la fillette Catherine, montée sur un toit avec son tambour pour avertir le village que les troupes arrivent. Cette scène dite du tambour de la muette est au cœur de l'œuvre du cérébral Brecht. C'est une victime qui en est le héros.

Avec la cantinière Courage qui ne se révolte pas, Brecht montre la trivialité de la guerre ; avec la muette qu'un soldat tue, il en dénonce la monstruosité. Ce personnage de l'enfant muet, absent chez Grimmelhausen, cette gamine qui rêve d'une vie après la guerre et qui dérobe à une prostituée des bottines rouges et joue avec un chapeau de femme, il est en creux le rôle important du chef-d'œuvre, incarnant le souci plébéien de Brecht quand la battante Anna Fierling en demeure la figure certes populaire, hâbleuse et vulgaire, découverte dans sa bonté mais quasiment complice.

Cabaret et cercueil

Il y a dans *Mère Courage* des facilités, des blagues, quelque chose du genre cabaret et en même temps la présence constante de la mort, dans la grisaille, la saleté, dans le thème du temps qui, comme la charrette, s'use. Par sa façon de saisir la grandeur des choses à travers les plus petites (comme le fera Beckett avec *En attendant Godot,* qui relaie *Mère Courage* dans le paysage dévasté d'un temps de paix), Brecht passait de la trivialité de la vie à la sombre splendeur des tableaux d'Holbein ou de Dürer.

On dit qu'Helene Weigel jouait la Courage de façon passionnée et froide, elle se montrait en montrant Mère Courage et montrait Mère Courage en se montrant, sans que jamais ces deux tâches ne se trouvent confondues. Elle était en cela le parfait défenseur du *Verfremdungseffekt,* instinctive et lucide à la fois, maîtresse de ce théâtre anti-stanislavskien où l'acteur a à offrir la double figure du personnage et de l'interprète.

Brecht décida de persister et signer son théâtre à l'Est après la guerre, en fondant le Berliner Ensemble et en salariant une grande troupe de deux cent cinquante personnes, parfois en délicatesse avec les autorités est-allemandes. Ce théâtre jadis de fer aura connu depuis la mort du maître les célébrations et les désertions, la gloire puis l'oubli, et les relances, enfin quasiment la routine. L'œuvre de Brecht, elle, sera attaquée par la critique pour un formalisme décadent et pis encore (dans l'esprit du maître) elle sera consacrée chez les bourgeois par un passage (à la trappe) dans le répertoire. Et il y eut les attaques viles, comme celles de l'Américain John Fuegi dépeignant Brecht en affairiste malpropre et anti-intellectuel faisant écrire ses pièces par un harem de secrétaires sous-payées.

Heiner Müller, en fils réservé et perspicace, en fumeur de cigares qui décida lui aussi de rester à l'Est, dira que le théâtre de Brecht était un aboutissement, et autant il y trouvait de la grandeur autant il constatait que le tragique en était absent et que, aux yeux d'un homme de la fin du XXᵉ siècle, c'était encore de la dramaturgie bourgeoise avec héros et intrigues. Engagée, certes, l'œuvre entière, dit Müller, mais il la savait endiguée par la présence de cet « ennemi idéal » que fut le Führer car il se créa entre Brecht et Hitler, à son avis, « une affinité incroyable ». Heiner Müller dit finalement de Brecht qu'il n'a pas su sentir que le protagoniste allait disparaître dans le contexte de la RDA et que l'affinité avec l'ennemi ne serait plus possible.

Antoine Vitez, qui fut longtemps communiste, et secrétaire d'Aragon, disait de Brecht qu'il était un homme de la toute première partie du XXᵉ siècle et que sa guerre de Trente Ans traversée par la cantinière Anna Fierling était en fait celle de Guillaume Apollinaire et de Louis-Ferdinand Destouches; *Mère Courage* est, en effet, pleine de cette sensibilité anarchiste de l'avant-guerre de 1914, autrement dit d'une fascination de la mort, qui était celle de *Baal*.

Le 14 août 1956 on apporta chez les Brecht un cercueil d'acier. Les mesures n'ayant pas été prises, Helene Weigel demanda à un ouvrier de la taille de son mari de s'y coucher. Le cercueil ayant la bonne dimension, on y mit donc Bertolt Brecht. Il avait cinquante-huit ans.

« Je ne veux pas que le public sache tout sur le personnage »

Un tramway nommé désir, de Tennessee Williams, créée le 3 décembre 1947 au Barrymore Theater de New York dans une mise en scène d'Elia Kazan.

L'été, l'alcool, le désir. Il n'en faut pas plus à Tennessee Williams pour écrire, et il ne lui en faut pas moins pour vivre, de succès en échec, partir à vélo vers la plage avec Carson McCullers, boire des Brandy Alexander à La Nouvelle-Orléans et des Fernet-Branca à Rome, coucher avec un garçon ramené de Cape Cod ou un Mexicain trouvé dans la rue, et puis, de l'aube à midi, taper à la machine, inventer des drames pour se glisser dans le désarroi torride des femmes : celles qui pleurent un amour perdu, celles qui deviennent folles d'avoir aimé un homosexuel, celles que des gigolos aiment mal, celles qui se droguent à l'éther, ou celle qui a confiance dans la gentillesse des étrangers..., toutes celles que

— dans l'aura tragique de sa sœur Rose — son visage poupon et ravagé dissimulera une vie durant sous une mondanité hystérique.

Dans ses *Mémoires* aux aveux impudiques et graveleux parus en 1972 avant l'ère du *politically correct* — ce maccarthysme moral —, l'auteur d'*Un tramway nommé désir* aura joué franc jeu en racontant, la soixantaine venue, le sable, le scotch et le sexe d'une vie errante et parfois erratique, sous l'influence des drogues, en bordure du siècle, où dans le plaisir épuisé de jouir et l'angoisse de vivre, entre le lit et la machine à écrire, il se sera battu bec et ongles pour atteindre l'idéal du bonheur qui était, selon lui — frère coupable, fils efféminé, écrivain morbide, homosexuel snob —, une certaine insensibilité aux autres, une façon de voler sans se poser, celle que décrit Brick à Maggie dans *La Chatte sur un toit brûlant*: « Ce petit clic dans ma tête, quand j'ai ma dose de whisky et que rien ne m'atteint plus. »

Sa sœur Rose est d'une importance capitale et dans sa vie et dans son œuvre. Rose Isabel Williams. Sa muse cassée, sa mariée folle. Flash-back dans les années 1920 à Saint Louis, au Missouri. Ils ont quitté le Sud natal pour suivre un père brutal et commerçant de chaussures qui appelle son fils « Miss Nancy »... Thomas Lanier Williams a quinze ans et Rose en a dix-sept quand dans la rue Delmar ils font du lèche-vitrine, ils aiment et détestent les mêmes robes, ils boivent de la *root-beer* et Rose lui parle de ses soupirants. À la maison, une polka joue dans une chambre en ivoire blanc : « Nous ne nous touchions jamais les mains, sauf lorsque nous dansions ensemble », écrit-il dans les pages les plus sensibles de ses *Mémoires*. Cette polka, c'est la Varsouviana d'*Un tramway*... cet air que l'on entend dès que Blanche Du Bois évoque son premier amour avec *a young boy*...

Mais il y a eu un week-end terrible, la fêlure ; les parents sont absents et ils ont invité des amis ; un des garçons, au téléphone, va dire des choses obscènes à des inconnus. Le lendemain Rose raconte tout au père. Deux jours plus tard dans l'escalier, comme un chat qui crache, son frère lui lance : « Je ne veux plus voir ta sale vieille gueule ! » Toute sa vie, Tennessee Williams se persuadera qu'il a cassé sa sœur ce jour-là ; elle se fige, ne parle plus, elle sera lobotomisée à vingt-cinq ans mais elle lui survivra, vivant enfermée dans une clinique à Ossining près de New York et se disant la souveraine des îles Britanniques, acceptant de bonne grâce d'aller danser avec lui au Roseland. Quand Maria St. Just, l'amie de Londres, annonce à Rose la mort de son frère, en 1983, il y a une carte postale de Rome sur la table de chevet : « Chère Rose, je viendrai te voir bientôt. Affectueusement, Rose. » Il a signé Rose…, il avait soixante-dix ans et elle soixante-douze…

Le théâtre de Tennessee Williams, foncièrement apolitique, est aussi apatride, profondément américain, certes, mais d'un maniérisme étranger à l'Amérique ; c'est une dentelle sombre, ouvragée à l'aveugle, un théâtre qui s'est écrit au hasard des fièvres d'inspiration et des sorties de dépression, en retrait des enjeux dramaturgiques du siècle et pourtant innovateur, malignement, par sa part névrotique ; c'est un théâtre du type réalisme poétique mais d'un pessimisme intégral. Williams met en scène dans des scénarios vaporeux le désastre amer de la sexualité, la défaite de l'amour, le tragique y étant aspergé à l'alcool. On dirait du Lorca dépravé. Voilà une dramaturgie de la détresse où l'ambiguïté glisse entre le désir et le cimetière. Une chronique fantasmée dont le *dramatis personae* est richissime ou ruiné, ouvrier ou oisif, peu importe, car on n'y trouve aucune emprise sociale. Aucune leçon. Aucun secours. Que le débris.

C'est une œuvre férocement intime et absolument parente de celles de Tchekhov et de Michel Tremblay ; il y a du nostalgique comme dans *Les Trois Sœurs* et de l'hystérique comme dans *Les Belles-sœurs,* élégiaque d'une part, dépressif de l'autre. Ce sont des dramaturges de la féminitude tragique dont les œuvres flottent au-dessus du siècle terre-à-terre du féminisme, cette révolution à laquelle ils n'apportent rien de bon, rien d'utile, car seule la défaite des femmes les intéresse, leur art étant de la rendre radieuse. Le maître du genre est Henryk Ibsen, l'Ibsen de *Hedda Gabler*.

Et Blanche Du Bois, une Hedda nymphomane et vieillie, est une création sans rivale sur les scènes américaines, car Blanche Du Bois au nom étranger est martienne et scandaleuse ; son personnage est insaisissable, on le dira plus tard « williamesque », c'est-à-dire conçu de façon à ce qu'on ne sache pas vraiment qui elle est. Mythomane et secrète, fragile et fuyante, nymphomane et distinguée... Tennessee Williams avait dit à Kazan qui dirigeait les répétitions d'*Un tramway nommé désir* : « Je ne veux pas que le public sache tout sur le personnage. » Son but, dans une autre manière que celle de Pirandello, est de capter la qualité constamment évanescente d'un personnage, non pas dans la multiplicité du moi par rapport aux autres mais dans la complexité profonde du moi. Ainsi, lui aussi, voulait-il atteindre la réalité en oubliant le réalisme.

Blanche Du Bois c'est Rose, bien sûr, elles le sont toutes plus ou moins, Lady Torrance, Madame Venable, Felice et Clare dans *Out Cry,* mais il y aura eu d'abord Laura dans *La Ménagerie de verre,* la plus proche du modèle glissée en premier dans la pièce la plus autobiographique, « *a memory play* », disent les Américains, cette pièce inaugurale qui signait les adieux de Tennessee Williams à sa famille. Laura, cette sœur introvertie qui boîte et vit retranchée dans un appartement triste d'où le père s'est enfui (Williams éloigne le père détesté) et où règne absolument une mère folle (sublimée) qui veut la fiancer. Laura qui collectionne les petits animaux en verre, et qui aime tant cette licorne qu'un camarade de son frère Tom (Williams s'appelait Thomas) laissera échapper. Laura et Amanda Wingfield que le narrateur quitte et qu'il regarde une dernière fois, frère et fils en fuite. La sortie est tchékhovienne, c'est l'abandon de la chambre d'enfants qui marquait l'entrée en scène de Tennessee Williams. Brooks Atkinson écrit alors dans le *New York Times* : « À compter de cette soirée, le théâtre américain ne sera plus le même. »

Tout de suite après le début des répétitions de *La Ménagerie de verre*, qu'on créera à Chicago le 26 décembre 1944, Tennessee Williams, qui a trente-trois ans, qui loge à l'hôtel Sherman et couche avec un acteur irlandais et parfois avec un grand blond universitaire, va entreprendre ce qui sera son chef-d'œuvre. Il apercevra d'abord ou plutôt sentira une silhouette de très loin… C'est tout de suite Blanche le prénom… À l'hiver 1944-1945, il écrit une esquisse qu'il titre *Blanche's Chair in the Moon*. Une femme seule, assise près d'une fenêtre au clair de lune dans une ville étouffante du Sud, attend un galant qui n'arrive pas.

Le succès de *La Ménagerie de verre*, qui grise Tennessee Williams, va le déprimer. Son instabilité chronique, de type nomade, le mène à Mexico où, il en donne le détail dans ses *Mémoires*, il sera accosté le long du Paseo de la Reforma par un splendide Mexicain, à moitié indien, qui lui donnera du bonheur plein le corps. Il signale du même coup : « Je travaillai sur le personnage de Blanche. » Il raconte une virée à Cuernavaca où il descend dans un hôtel, plonge dans la piscine, marche dans la ville et rentre illico à Mexico en taxi pour retrouver son mi-Indien. C'est Blanche qui est avec lui, ou Rose, bien sûr, toujours.

Été 1946. Il est à New York et s'amourache de Pancho, un autre Mexicain ; ils logent chez une aristocrate squelettique qui passe ses après-midi à découper dans les journaux tout ce qui concerne le peu connu sénateur Joseph McCarthy qui, dit-elle, a de l'avenir… Pancho, c'est-à-dire Santo dans les *Mémoires*, est alcoolique et il lui arrive fréquemment de traiter de putes les femmes dépassant la cinquantaine… Et Tennessee pense à Blanche quand Pancho l'encule. Il a trente-cinq ans. Il est beau, encore… et il ne compte plus ses amants. Il ne peut s'empêcher d'aller la nuit rôder à Times Square où des marins lui casseront la gueule. Avec Pancho, dont il aura de la peine à se débarrasser, il file cet été-là à Nantucket où il a loué une maison au 31 Pine Street. À la mi-mai débarque une fille aux dents qui poussent de travers, une casquette de baseball sur la tête, l'air d'une grande gamine : c'est Carson McCullers. Il ne la connaît pas, mais il l'a invitée après avoir lu un de ses romans, lui écrivant une véritable lettre de *fan,* la seule qu'il aura postée dans sa vie.

La romancière de vingt-neuf ans, qui a publié *Le cœur est un chasseur solitaire* et *Reflets dans un œil d'or,* va dès lors entretenir avec Tennessee Williams une amitié qui durera jusqu'à sa mort en 1967. Cet été 1946 est une parenthèse ensoleillée et lente dans leurs vies, avant la maladie pour elle, avant la gloire internationale pour lui. Elle fait la cuisine et joue du Bach au piano, le matin elle et Tennessee partent à vélo vers la plage puis, de dix heures à quatorze heures tous les jours, ils écriront à la même table. Elle adapte son roman *Frankie Addams* pour le théâtre, et lui, qui néglige Blanche, termine *Été et fumées.* Le soir, sur les marches de l'escalier qui mène à sa chambre, Carson McCullers, une bouteille de whisky à vider avant de grimper, s'improvise des histoires d'amour ; il se souviendra de celle concernant une voisine qui en pinçait plutôt pour lui… Santo ronfle tôt et lui, qui lit Tchekhov, entretiendra durant ce trop bel été l'idée romantique et vénéneuse qu'il est un écrivain mourant.

À l'automne 1946 il travaillera comme un forcené à la pièce qui s'appelle maintenant *The Poker Night.* Blanche se trouve dans une maison de La Nouvelle-Orléans où des hommes jouent aux cartes. Sa malle déborde de robes délicates et défraîchies. Il existe une tension sexuelle quasi animale entre elle et un polack, que le dramaturge nomme Stanley Kowalski. Tennessee Williams, cet automne-là, s'est installé seul à La Nouvelle-Orléans, à quelques rues du « vieux carré » d'où part un tramway qui a pour destination la rue *Desire.* De l'aube à quinze heures il écrit et il va boire des Brandy Alexander au bar Chez Victor ; du juke-box ressort tous les après-midi la chanson *If I Didn't Care* des Ink Spots. Il achève alors la pièce. Blanche est d'une famille du Sud ruinée, elle a vendu la propriété nommée Belle-Rêve, elle est venue chez sa sœur Stella qui a fui la famille par amour pour le polack. Elle s'appelle Blanche Du Bois, n'a pas un sou en poche, mais sa généalogie remonte, dit-elle, à un chancelier du duc de Bourbon... Elle a vécu un seul amour, avec un garçon de dix-sept ans... Joue la Varsouviana...

Tennessee Williams lit la première esquisse à deux amies lesbiennes : « Je crois qu'elles en furent choquées. Moi aussi. Blanche semblait trop lointaine, on pourrait dire hors de vue. » À Key West où il s'installe à l'hôtel La Concha avec son cher grand-père qui l'avait emmené en Europe en 1928, il met en forme son chef-d'œuvre et lui trouve ce titre surréaliste mais correspondant à la stricte réalité du tramway nommé *Desire* que l'on prend au « vieux carré », ce que fait Blanche pour se rendre chez le couple Kowalski. « J'avançai, écrit-il, à la façon dont une maison s'embrase, tant j'étais heureux avec grand-père. »

Irene Selznick décida le soir même de la lecture du manuscrit de produire la pièce le plus vite possible à Broadway. Elia Kazan accepta sans hésiter de la mettre en scène. On réserva le Barrymore pour décembre 1947 mais l'on n'avait pas encore la comédienne pour jouer le rôle de Blanche Du Bois. Par contre pour jouer Stanley Kowalski le bestial beau-frère, Kazan proposa un jeune homme qui sortait de l'Actor's Studio, il s'appelait Marlon Brando...

Tennessee Williams est à Cape Cod dans une bicoque où l'électricité et la plomberie se comportent très mal quand Kazan lui envoie Brando. L'acteur débarque *avec une poule*, il rétablit l'électricité, il répare la plomberie et il va lire le texte de Kowalski avec Tennessee Williams qui, manuscrit en mains, fait Blanche... Il écrira dans ses *Mémoires* : « À une ou deux exceptions près, c'était le plus beau jeune homme que

j'aie jamais vu… » Il rajoutera : « Nous avons dîné au caba-
non, puis nous avons lu de la poésie. Il n'y avait pas de lit
pour Brando, mais il s'enroula dans une couverture et dormit
sur le plancher au milieu de la pièce. Le lendemain matin, il
me demanda de l'accompagner à la plage. Nous avons marché en silence, puis nous sommes rentrés en silence. »

Brando, qui a vingt-trois ans, fut immédiatement lancé
par ce rôle. Jessica Tandy fut la première Blanche du Bois
mais ce sera Vivien Leigh, que Laurence Olivier dirigea dans
le rôle à Londres dès 1949, qui en imposera la figure fragile à
l'écran en 1951. Au Barrymore Theater, Tennessee Williams,
éméché, monta en scène au bout de vingt minutes d'applaudissements et faisant dos au public il ne salua que ses acteurs,
maladroit, comme paniqué, avec devant lui la nuit à attendre
les critiques. Ces nuits-là, dans les années 1960, seront parmi
les plus longues de sa vie.

Blanche Du Bois, c'est Rose et c'est lui. Il eût pu dire à
l'instar de Flaubert « Madame Du Bois, c'est moi ». À Rome,
Luchino Visconti l'appelait d'ailleurs « Blanche » quand il
répétait le *Tramway che se chiamo Desiderio.* Dans ses
Mémoires il qualifie parfois ses manières de « très Blanche »,
ce qui sous-entend une certaine grâce violette dans le malheur. Cette femme de l'aristocratie du Sud qui nie le ravage
du temps sous des éclairages tamisés, qui vit de l'illusion d'un
amour sublimé dans la mort, qui se ment avec une grâce
affectée, traquée par son désir et déçue par lui, est une femme
qui a un tel besoin de bonté qu'elle est condamnée à l'ivresse
de la solitude.

Dans *La Descente d'Orphée,* Val le vagabond explique à
Lady Torrance qui tient magasin : « Vous savez qu'il existe
une espèce d'oiseaux qui n'ont pas de pattes ? Ils ne peuvent
se poser nulle part et ils passent leur vie à planer en plein ciel.
C'est vrai… Ils passent toute leur vie en vol, ils dorment sur le
vent… Ils étendent leurs ailes et s'endorment sur le vent… Ils
ne touchent le sol qu'une fois : quand ils meurent. »

Quand, dans un mouvement preste, on l'emmène en clinique à la fin de la pièce, puisque Stanley Kowalski, ayant percé à jour son passé de putain et réussi à coucher avec elle, s'en débarrasse en la faisant interner, Blanche, tragique et radieuse à la fois, ajustant son chapeau, dira au médecin : « *I have always depended on the kindness of strangers...* » C'est Rose partant pour Ossining où elle régnera sur les îles Britanniques. C'est Thomas qui ne joue plus à l'écrivain mourant mais qui mourra vraiment, un soir de février 1983 sous le nom célèbre et décrié de Tennessee Williams, après trois bouteilles de vin rouge bues au Monkey Bar de l'hôtel Élysée dans la 54ᵉ rue de Manhattan, conduit à la suite 1302 par un gigolo du soir qui repart aussitôt. On retrouvera un septuagénaire goutteux le lendemain matin dans la salle de bain, un tube de Seconal à la main, l'enquête révélant toutefois qu'il s'est étouffé en avalant le bouchon.

Marlon Brando dira : « Lorsque vint la mort, il l'avait fréquentée si souvent et de si près, que ce ne fut sans doute pour lui qu'une sorte de rendez-vous chez son coiffeur. »

La leçon de baseball

Mort d'un commis-voyageur, *d'Arthur Miller, créée le
10 février 1949 au Morosco Theater de New York dans
une mise en scène d'Elia Kazan.*

Lascive, Marilyn Monroe sourit, la tête renversée, et John
F. Kennedy rit franchement en serrant la main d'un vieil
homme. Madison Square Gardens, mai 1962... *Happy Birth-
day, Mr. President...* Le vieillard est le père du dramaturge
Arthur Miller et la star l'a présenté — c'est son ex-beau-
père — au président des États-Unis. De ce trio, seul le vieil
homme, qui a sûrement dit quelque chose de drôle, a encore
un peu de vie à vivre, il lui reste quatre ans durant lesquels il
cherchera son nom dans les pages de potins des journaux et
ira parfois causer recette aux guichets des théâtres de New
York où l'on joue une pièce de son fils...

Il s'appelle Izzie Miller. Cet octogénaire comique deman-
dait parfois à son fils si c'était lui qui lui ressemblait ou le

contraire… Voici l'histoire d'Izzie Miller : un enfant juif
arrivé de Pologne à six ans avec une frousse d'orphelin ; son
père l'avait abandonné lors de l'exode de la famille en Amérique et, enfin rapatrié, si l'on peut dire, il fit la traversée seul,
en 1886, dans l'entrepont d'un navire, mangeant des restes de
harengs saurs. À New York son père l'installa aussi sec à une
machine à coudre. Dans un sous-sol.

Ce vieillard bien mis qui a fait rire Kennedy a fait sa fortune dans le vêtement. À douze ans il supervisait des demoi-
selles qui cousaient la nuit. À seize ans, vendeur de manteaux
dans le Midwest, il est commis-voyageur, certes, mais à vingt-
quatre ans il fonde la Miltex Coat & Suit Company. Puis il
se marie. Il a trois enfants. Un appartement à Central Park.
Un chauffeur en livrée. Un bungalow en bord de mer pour
les étés. Puis, comme ça, à quarante-cinq ans, d'un coup sec,
c'est le krach de Wall Street ; il est ruiné, cassé, c'est la crise,
la Grande Dépression. Il y deviendra une ombre parmi
d'autres, version new-yorkaise du *Dernier des hommes* de
Murnau. Arthur Miller dira de son père : « un numéro dans
une catastrophe ».

Dans *Au fil du temps,* son autobiographie parue en 1987,
le dramaturge revient sans cesse sur ce père légendaire et d'un
coup dépossédé, cet homme aux cheveux blonds qui tiraient
sur le roux, de grande taille, à la tête carrée, aux yeux bleus ;
« il avait une allure de détective irlandais », écrit-il. Avant la
crise, l'homme exerçait un ascendant indéfinissable. Épuisé
par les affaires, il rentrait à la maison pour la sieste, sans bou-
ger, sous un drap impassible, le sommeil de marbre, un roi
dormant… ; une fois le père ruiné, ses siestes se feraient aussi
momifiées mais plus longues, très longues. « Sa bouche avait
l'air de se dessécher », se souvient son fils. Un roi gisant. Abdication muette. Arthur Miller a quinze ans et son père dort. Au
réveil, ce *self-made man,* qui était analphabète, lui deman-
dait : « Qu'est-ce que tu feras plus tard ? »

« Me mettre à lire était déjà le dépasser », écrit Arthur

Miller dans son *stabat pater* où filiation et férocité s'enchaînent au fil des pages... Dès son premier essai au théâtre, en 1941, avec *L'homme qui avait toutes les chances*, Miller avait mis en scène l'histoire d'un garçon que son père entraîne passionnément au baseball, lui faisant travailler ses lancers même l'hiver dans le sous-sol. Ce fils va jouer un jour devant un sélectionneur et il sera refusé, paralysé par la présence des autres joueurs qui évoluent autour de lui. Écrite en 1936 alors que Miller avait vingt-six ans, cette pièce, qui fit quatre soirs à Broadway, recelait déjà le conflit qui se noue au cœur de son chef-d'œuvre, *Mort d'un commis-voyageur*.

Parmi les dramaturges dont les pères ont été ruinés, il y a Anton Tchekhov, qui était le fils d'un épicier de Taganrog, et August Strindberg, fils d'un agent maritime de Stockholm. Ces écrivains réagissent forcément à l'échec paternel, décor social de leur adolescence. Tchekhov le fait en oubliant le personnage du père, enfui ou absent, Strindberg en le chargeant, donc en le ruinant à nouveau. Arthur Miller, lui, idéalisera son père en une victime expiatoire dans la figure si pathétique de Willy Loman.

Tennessee Williams et Arthur Miller, contemporains et étrangers l'un à l'autre, ont pris des chemins différents pour arriver à la même fin scénique. Williams, homosexuel, crée un monde de femmes, et Arthur Miller agite un monde d'hommes dans l'œil d'un hétérosexuel. Simple affaire de perspective, au fond, car Blanche Du Bois pour Willy Loman, ou névrose sexuelle pour dépression nerveuse, les deux offrent à l'extase cathartique du théâtre, à l'enseigne du *désir* masochiste chez l'auteur du *Tramway* et de la *mort* victimiste chez celui du *Commis-voyageur*, de grandes sépultures mystiques — dans l'aura tragique d'une sœur folle ou d'un père endormi ; lobotomie et abdication.

Chez Miller, le père est à la fois le père et le spectre du père. Échec et idéal, fantasme d'impuissance, cœur du conflit ou source d'angoisse, grâce ou tare, la relation père-fils, que

Samuel Beckett réglera en mettant le géniteur à la poubelle, trouva avec *Mort d'un commis-voyageur* — dans ce *Lear* amerloque où un roi de la vente en Nouvelle-Angleterre floué par sa compagnie, et déçu par ses fils, dérape vers la folie et va se suicider — une illustration tragique, bien ancrée dans le siècle. Frappant de plein fouet l'*American dream.*

Au sujet de Lear, et de son père, lisons une page sublime d'*Au fil du temps* : « On ne s'attendait guère à le voir assister plus d'une heure à du Shakespeare, et pourtant, un jour, après que l'on eut commencé à jouer mes pièces, il me parla d'une production en yiddish à laquelle il avait assisté des années auparavant dans le Midwest. Il ne se rappelait plus le titre de l'œuvre mais n'avait pas oublié le nom de la vedette : Jacob Adler : "Il jouait une sorte de roi. Tu vois, ça se passait dans le vieux temps ; le bonhomme a trois ou quatre filles… trois, je crois, peut-être quatre. Il a l'intention de leur donner tout son argent et celle qui l'aime vraiment, il croit qu'elle ne l'aime pas et il finit à moitié fou, cherchant à récupérer ses billes. Mais il a plus rien, il reste planté là sous la pluie, une sacrée histoire ! Et quel acteur, Jacob Adler ! J'ai vu cette pièce peut-être plus de quarante fois parce qu'il a joué ce rôle pendant des années. À la fin, je passais au théâtre pour leur demander à quelle heure commençait la dernière scène, parce que c'est la meilleure, celle où il est tout seul sous la pluie. Il poussait une telle gueulante qu'on pouvait plus le regarder…" »

Des hommes, en effet — surtout des hommes —, sortaient bouleversés de la représentation de *Mort d'un commis-voyageur.* D'abord à Philadelphie en décembre 1948 où l'on testait la pièce. Le rideau baissé après le *requiem* qui suit le suicide de Willy Loman, il n'y eut pas d'applaudissements, mais un silence lourd. Des spectateurs se levaient, enfilaient leurs manteaux puis se rasseyaient. Certains demeuraient penchés, le visage dans les mains. Des gens traversaient la salle pour aller parler avec d'autres. Miller écrit ceci : « Je vis un homme d'un certain âge, très distingué, remonter l'allée centrale en compagnie d'un jeune homme, son secrétaire sans doute, avec lequel il parlait avec agitation. J'appris que c'était Bernard Gimbel, directeur de la chaîne de magasins Gimbel qui, ce soir-là en sortant du théâtre, donna l'ordre à son chef de personnel de ne plus jamais licencier qui que ce soit pour raison d'âge. »

Naïveté, ou idéalisme, à nos yeux ? Autre époque, en tout cas, où un dramaturge pouvait en interview se déclarer « moraliste fort peu patient » et se réjouir d'ouvrir ainsi les yeux des patrons, en s'engageant à changer le monde. Arthur Miller, fils d'un capitaliste juif ruiné, devint marxiste non par parricide mais mû par le sentiment de réparation. C'était un fils rebelle et partant idéal, un Hamlet non atteint de procrastination ; il aura été d'une génération courageuse qui, au milieu du XXe siècle, lisant le père Marx et pleurant encore sur la mort de Lénine, croyait fermement à l'évolution socialiste de la planète, et au grand renversement idéologique, à la venue d'un petit père du peuple universel... Son théâtre est fait de cette conviction.

En 1949, l'Occident sortait d'une guerre gagnée sur le fascisme ; il y avait d'une part le plan Marshall pour aider l'Europe à se rebâtir et d'autre part les Nations unies pour tenter d'instaurer une entente nouvelle. Puis, en creux, la paranoïa : le maccarthysme intérieur et la guerre froide avec l'étranger. Arthur Miller, comme le dramaturge prolétarien Clifford Odets qui était son aîné et qu'il plaçait au-dessus d'Eugène O'Neill, misa sur l'efficacité d'un théâtre franchement social — esthétiquement limité, cependant, qualifions-le de style gréco-ibsénien — où la fascination émue d'Izzie Miller devant *The Jewish King Lear* était l'idéal à atteindre dans le rapport scène-salle. En somme il cherchait à faire du Brecht sans le *Verfremdungseffekt*, voulant écrire un théâtre qui devait d'abord et avant tout toucher, émouvoir, prendre au ventre et éventuellement faire pleurer le spectateur. On ne changera l'homme que si l'on atteint son cœur. Ainsi de M. Gimbel… dont on peut cependant douter qu'il ne procéda plus à des licenciements.

Au moment où l'Amérique, maintenant loin de la Grande Dépression, ragaillardie par la victoire des Alliés et enrichie par l'industrie guerrière, allait se redonner à nouveau sa confiance impériale, votant des lois antigrèves tout en rebâtissant le discours du rêve pour chacun, cet orgueilleux *American way of life,* Arthur Miller joua donc au théâtre un rôle politique, un rôle de choc, et avec Willy Loman il exhiba en scène non seulement la victime de 1929, que tous reconnaissaient, mais, et comment mieux le dire que lui, « le cadavre d'un croyant ». Loman, en effet, ne se révolte pas, il pleure ; puis il croit encore, puis il flanche, et c'est la déception qui l'emporte.

Nostalgie, réflexe, fascination ou masochisme, on joue encore aujourd'hui le drame de Willy Loman dans un monde où le licenciement massif est devenu une méthode avérée de bonne gestion, plus ou moins acceptée par les centrales syndicales et admirée dans les sections économiques des grands journaux. Des Willy Loman, au début du XXIe siècle, on en fait la « plâtrée de cervelles » que mange l'Ubu de la Bourse qui dirige la Pologne mondialisée de la « phynance », située, bien sûr, nulle part…

Mais autant il n'y a plus de rois qui se dépouillent, pour vérifier l'amour de leurs trois filles, autant Loman, comme Lear, demeure dans le répertoire, en attente d'interprètes, rayon pères. La force du théâtre se situe au-delà des anecdotes, petites ou grandes. Arthur Miller, en créant Willy Loman, en y intégrant à l'image d'Izzie qui dort trop les coutumes de ses oncles commis-voyageurs croisés à Brooklyn dans sa jeunesse — il les décrit ainsi : « des artistes, des acteurs, dont le produit est avant tout eux-mêmes et qui s'imaginent triomphants dans un monde qui les ignore » —, a créé une figure d'agonisant perpétuel. Homme avec valise… devant lequel on respirera longtemps l'essence enivrante des cadavres.

Le 10 février 1949 au Morosco, à New York, dans la mise en scène d'Elia Kazan, ce fut l'acteur Lee J. Cobb qui créa le rôle ; il avait affirmé à Miller lors de la première lecture : « Je connais cet homme. » Comme à Philadelphie le silence new-yorkais fut lourd, et les applaudissements émus. Le public sorti, Arthur Miller vit soudain, derrière le rideau baissé, des serveurs en vestes cramoisies installer sur la scène une grande table, y mettre une nappe blanche, déposer plats et chande-liers, seaux à champagne. Il demanda une coupe mais se fit répondre que le repas était réservé aux invités de M. Dowling, propriétaire du Morosco et par ailleurs directeur de la City Investment Company. Dans le décor de la maison de Willy Loman, ce soir-là, un gratin friqué fit bombance.

Miller, lui, fila chez Kazan subir l'atroce veille de l'attente des critiques. Vers une heure du matin, un ami qui avait un « contact » au *New York Times* l'attira au téléphone où, à voix basse, quelqu'un lui lut l'article qu'était en train d'écrire Brooks Atkinson ; il entendait le tac-à-tac des touches du dac-tylographe… En rentrant à la maison à trois heures du matin, dans sa voiture (il s'achètera une Studebaker la semaine suivante…), il tomba sur une émission spéciale de radio où on lisait déjà les critiques sensationnelles de *Death of a Salesman* qui allaient paraître à l'aube…

Miller avait déjà connu un premier succès en 1947 avec *All My Sons* et deux mois après il était entré à quarante cents l'heure dans une usine d'embouteillage de Long Island, alors que sa pièce lui rapportait deux mille dollars par semaine… L'homme qui épousa Marilyn Monroe et lui fit don du *Capital* (l'exemplaire s'écoula chèrement chez Christie's) était un idéaliste exquis qui allait lutter longtemps contre ce qu'il nommait « le pacifique fascisme américain ».

Le maccarthysme le révéla à lui-même en véritable homme de gauche. Elia Kazan qui, pour ménager sa carrière, avait décidé de livrer des noms de camarades soi-disant communistes, avait fait venir Miller chez lui pour l'avertir de sa « coopération » avec la Commission des activités antiaméricaines. « Je me sentis envahi par la colère, écrira Miller, non contre lui que j'aimais comme un frère, mais contre la commission que je considérais comme une bande de manipulateurs politiques doués d'autant de sens moral que les mafiosis, et, en fait, de plutôt moins. »

Le sénateur Joseph MacCarthy, celui dont l'aristocrate et squelettique logeuse de Tennessee Williams découpait tout article de presse le concernant, était un alcoolique (il mourra d'une cirrhose en 1957) et surtout un fieffé démagogue qui, devant un club Rotary de l'Ohio le 9 février 1950, affirma qu'il y avait deux cent cinq communistes au State Department. Deux cent cinq, il avait lancé ce chiffre absolument farfelu après une bonne rasade matinale de whisky. Un journaliste d'une agence de presse était là. Le cirque commença. Et voilà pourquoi durant ces années-là, dans les romans de Mickey Spillane, le détective Mike Hammer cessa de poursuivre des gangsters pour prendre en chasse les rouges…

Résistant à cette croisade furieuse, Arthur Miller écrira *Les Sorcières de Salem,* réplique gothique à cette « chasse aux sorcières » où, dans la paranoïa de la guerre froide, l'anticommunisme dérapait dans la bêtise. Ainsi, Miller refusant de signer une déclaration anticommuniste qu'exigeait la Columbia Pictures avant la sortie à l'écran de *Death of a Salesman* en 1951, on fit précéder la projection du film (une version pourtant édulcorée) d'un court-métrage qui servait à expliquer, interviews d'économistes à l'appui, que le personnage de Willy Loman était maintenant atypique ; c'était, expliquait-on, un survivant folklorique d'une époque ancienne où les représentants avaient effectivement de grands problèmes, la profession étant redevenue pleine d'avenir…

Le soir, dans les salles de théâtre du monde, de Montréal à Pékin, Willy Loman entre en scène, sa valise à la main, et répond à sa femme inquiète : « Tout va bien, je suis revenu… » Et son fils Biff est là qui va rejouer encore le tragique affrontement jusqu'à l'impitoyable final. Car c'est entre eux que ça se joue, entre hommes, du père au fils ; la mère est absente de ce duel d'amour filial, de cette exclusive et passionnelle leçon de baseball donnée l'hiver dans un sous-sol.

« Elle se coiffe toujours de la même façon »

La Cantatrice chauve, d'Eugène Ionesco, créée le 11 mai 1950 au Théâtre des Noctambules à Paris dans une mise en scène de Nicolas Bataille.

Lapsus d'un comédien répétant un texte fou, l'*institutrice blonde* devint la *cantatrice chauve*... Ce fut excellent pour elle, au demeurant, car en passant du tableau noir et de la blondeur capillaire à l'opéra et à la calvitie — institutrice, cantatrice, enseignement, ca...stration : on rase la maîtresse... — elle devint épouvantablement célèbre...

Virtuelle avant l'heure, exclusivement imaginaire, la *cantatrice chauve* apparut donc sans paraître, beauté textuelle du théâtre, un soir de mai 1950 dans une baraque de la rue Champollion ; il était six heures trente aux Noctambules et sur l'affiche on précisait l'heure où ça se terminerait, tout juste une heure plus tard. Au lever du rideau, une pendule sonnait dix-sept coups et une femme assise, une certaine

Mme Smith — elle reprisait des chaussettes et on saura très vite qu'elle est anglaise comme son mari, comme l'eau, comme la salade et la bière — s'exclamait sèchement : « Tiens, il est neuf heures. »

En moins polisson, cet incipit théâtral allait devenir la version rive gauche du vieux « Merdre ! » de Jarry, la version *fifties* ou y'en a marre de l'après-guerre-à-papa quand le théâtre était encore d'un sérieux de couvre-feu, si décemment figé entre le délicat défunt Giraudoux et le gros Sartre, entre messieurs Montherlant et Camus, avec des *Guerre de Troie* et des *Reine morte,* des *Malentendu* et des *Huis clos,* un théâtre qui était très écrit — par des hommes de lettres, et des philosophes —, et qui, dépassé ou engagé, nostalgique ou désillusionné mais jamais comique, continuait — avec des mots d'auteur — d'emprunter aux formes avachies de la tragédie ancienne, du drame bourgeois ou du boulevard le plus âpre.

Paris en 1950, à hauteur des marquises (celles des devantures de théâtre), ce n'était pas vraiment la fête. Alors que la jeunesse zazoue dansait en chemises à carreaux dans les caves où Boris Vian était le prince à la trompinette et Juliette Gréco son Ophélie, au théâtre on réfléchissait ferme et on s'ennuyait en tenue de ville, le vieux Cocteau académisé ne faisant plus illusion et la grande Colette ne sortant plus que rarement de sa soupente du Palais-Royal. L'Épuration qui avait succédé à la Collaboration avait laissé à tout le monde un goût de dégât ; l'un exécuté et l'autre suicidé, les cadavres de Robert Brasillach et de Drieu La Rochelle sonnaient dans les consciences comme d'angoissants mobiles. La Quatrième République de Vincent Auriol vivait un entre-deux-de-Gaulle car le général, en province, boudait alors la partie et mangeait — tel un Maigret au chômage — les mirotons d'Yvonne.

Ce serait bientôt l'Indochine et bientôt l'Algérie qui allaient secouer l'actualité du mi-siècle et faire chanter la désobéissance civile à Boris Vian puis amener un ex-pupille de l'État à ridiculiser l'armée française ; mais cela viendrait plus tard, une quinzaine d'années d'après, n'anticipons pas car Jean Genet était encore qu'un poète lu sous le manteau et un repris de justice dont Jouvet avait fait jouer sans succès en 1947 une histoire de bonnes assassines.

Au théâtre, en 1950, c'était donc le ronronnement raisonneur, de droite comme de gauche. On y mettait en scène la grandeur ou la lâcheté, la vanité ou le racisme, avec un sérieux imperturbable (Jean-Marie Serreau et Roger Blin qui feront connaître Brecht et Beckett ne travaillent alors que discrètement dans de petites salles). Les années de Jean Vilar et de Gérard Philipe se joueront bientôt à Avignon et au palais de Chaillot dans un grand esprit civique, mais voilà qu'une *cantatrice*, née d'un lapsus, prend dans un ancien cabaret du Quartier latin le relais subversif des *Précieuses* de Molière (en plus métaphysique) et des *Ubu* de Jarry (en moins brutal).

L'auteur de l'apparent canular de la rue Champollion était un pur inconnu. On saura très vite que l'énergumène est un Roumain arrivé à Paris à l'âge de deux ans et qu'il a tout de même quarante ans, qu'il est manutentionnaire dans une usine Ripolin et correcteur d'épreuves chez un éditeur juridique ; marié, ventru, il a une fille de six ans, il n'aime pas l'opéra et perd ses cheveux. Guy Dumur, qui le connut à cette époque, le voyant aller au boulot sa serviette de manuscrits sous le bras, le décrivit dans *Arts* : « Un homme qui marchait dans une capitale étrangère à la recherche d'un objet perdu. »

Eugène Ionesco épata le milieu — en un parfait succès d'estime — et toute une classe d'écrivains que le surréalisme plus que l'absinthe (retirée du marché) avait enivrée sérieusement le célébra, aussitôt. Arrivant sur le tard, ce Roumain parisianisé cassait de la logique avec une précision de dynamiteur. Avec ce regard plus éberlué qu'ironique qu'il jetait sur une bourgeoisie épouvantée, il étonnait grandement et on prit parti pour lui sans hésiter. Adamov quittait l'hôtel Taranne tous les soirs pour aller aux *Chaises* où, seul, dans des salles vides, il hurlait bravo. André Breton, Benjamin Péret et

Raymond Queneau (dont les *Exercices de style* dataient de 1947… — un air de famille s'établissait) reconnurent l'angoisse tapie sous le canularesque et ils feront naturellement du quadragénaire rondelet un successeur vaudevillesque du praguois Franz Kafka.

Et l'institutrice blonde ? Disparue en répétition lorsque le comédien Henry-Jacques Huet, travaillant « le monologue du rhume », ce morceau de bravoure du capitaine des pompiers qui n'a rien à faire chez les Smith mais qui est là, c'est le sapeur-pompier de service dans tous les théâtres, que Ionesco a l'idée de faire entrer en scène…, buta dans ce délire généalogique et au lieu de dire l'« institutrice blonde » prononça — la minute fut historique — « la cantatrice chauve ». On répétait jusqu'alors *L'Heure anglaise,* qui s'était aussi appelée *Big Ben Follies.* Ionesco hurla de joie, il le tenait, son titre, et il n'eut qu'à ajouter une réplique au pompier : « À propos, et la cantatrice chauve ? » Mme Smith, toujours très anglaise, lui répondra : « Elle se coiffe toujours de la même façon. »

Le 11 mai 1950, dans une salle de cent vingt places, la mise — Ionesco avait versé 500 000 francs *anciens* de sa poche — fut loin d'être récupérée cependant, car la salle ne ménagea pas ses grognements contre cette histoire sans histoire, cette pièce sans intrigue où Mme Smith débite ce qu'elle et son mari ont mangé pour souper (des pommes de terre au lard), où la bonne entre et raconte son après-midi (l'achat d'un pot de chambre), où un couple venu souper sans être invité finit par reconnaître, à force d'indices, qu'il dort dans le même lit, où le capitaine des pompiers joue à sonner à la porte en se cachant — ce qui exaspère Mme Smith qui ne croit plus que lorsqu'on sonne il y a quelqu'un — et entre enfin pour demander s'il y a le feu et, à défaut de sinistre, raconte des anecdotes.

Cette pièce fera vingt-cinq soirs aux Noctambules avant de faire quarante-trois ans au Théâtre de la Huchette dans la petite salle en long où les parents d'Aznavour tenaient jadis un restaurant arménien ; cette salle maintenant usée par une seule pièce, arpentée par des générations d'acteurs qui la jouent gravement, au numéro 23 où je la vis à vingt-cinq ans en 1969. Elle y est jouée encore et encore dans la mise en scène hiératique et intacte de Nicolas Bataille, l'intérieur 1900, les costumes noirs, le tablier blanc de la bonne, la veste de cuir du pompier. Le rôle de M. Martin, celui qui ne reconnaît pas Mme Martin lorsqu'ils arrivent ensemble, c'est Nicolas Bataille qui le créa à vingt-cinq ans, puis il y eut Paul Vervisch pour le reprendre puis Jacques Nolot, puis Guy Jacquet, Gilbert Beugniot et d'autres ; certains jouèrent là toute leur vie d'acteur, d'autres succédèrent à leur mère dans le rôle de la bonne, il y eut des morts (sauf les lundis) et combien de pompiers, et combien de coups de pendule... !

Le coup d'essai-coup de maître de Ionesco tombait pile au milieu du siècle en faisant coup double. On y remettait en question le langage et les comportements humains, de façon radicale, Ionesco ayant eu l'idée géniale de porter à la scène des bribes de conversation courante tirées de la littérature didactique d'une méthode d'enseignement d'une langue (l'anglais... qu'il n'apprit jamais) ; l'effet produit mettait en procès le théâtre lui-même (après Pirandello, après Brecht), on y remettait en cause, mais de manière folle, son réalisme, sa psychologie. La fonction cathartique prenait l'allure d'une pétarade agressive ou d'un outrage au public (Peter Handke s'en inspirerait) et l'une des fins envisagées, car Ionesco longtemps ne sut comment conclure, exigeait l'apparition de l'auteur venant dire aux spectateurs : « Bande de coquins, j'aurai vos peaux. »

Plus sage et plus troublante, la fin de *La Cantatrice chauve* se fit plutôt dans son recommencement — la vie étant une grande Redite, comme l'écrira Lyotard —, mais un recommencement étrange d'étrangeté car les Martin y deviennent les Smith que les Smith devenus les Martin reçoivent..., le recommencement étant une permutation autant qu'une perpétuation, gouffre métaphysique qui résuma dès lors ce théâtre pas si drôle et plutôt *effrayant* que l'on qualifia d'absurde, appellation commode qui fit fortune dans l'air du temps de l'après-guerre et qui remplaça — ou masqua — celle, plus juste, de théâtre de l'angoisse.

« Je me souviens encore que, dans mon enfance, ma mère ne pouvait m'arracher au guignol du Luxembourg, écrit Ionesco dans *Notes et contre-notes*. J'étais là, je pouvais rester là, envoûté, des journées entières. Je ne riais pas pourtant. Le spectacle du guignol me tenait là, comme stupéfait, par la vision de ces poupées qui parlaient, qui bougeaient, se matraquaient. C'était le spectacle même du monde qui, insolite, plus vrai que le vrai, se présentait à moi sous une forme infiniment simplifiée et caricaturale, comme pour en souligner la grotesque et brutale réalité. »

Le regard de Ionesco sur le monde qui l'entoure est celui d'un enfant absolument étonné, saisi par l'horreur ambiante, excité par le danger. Son théâtre — d'une grande innocence, d'une sagacité enfantine — est celui de la stupéfaction d'être, bien plus que celui de l'absurdité de l'existence. L'auteur des *Chaises* est plus naïf que moraliste et plus *piéton de l'air* que témoin de son siècle ; à la limite sa bonhomie le classe chez les stoïciens. L'angoisse qui court sous son théâtre, au contraire de celle extravertie et adulte de Feydeau, est une explosion secrète, intérieure, l'apothéose tragique de l'étonnement. C'est sa *distanciation* à lui, qui détestait le théâtre de Brecht comme la peste, mais il s'agit d'une distanciation métaphysique, irréelle, évidemment apolitique. La distanciation de l'homme qui circule avec sa lanterne dans les ténèbres en n'éclairant qu'un tout petit espace autour de lui à mesure qu'il avance.

Comme Molière qui avait fait créer ses *Précieuses* avant *Le Misanthrope*, Ionesco, après sa *Cantatrice*, tente d'embrasser large avec *Rhinocéros*, son *Misanthrope* à lui, ou l'entrée de l'idéologie dans le guignol de l'enfance. Mais le thème fort qui, après *l'heure* métaphysique initiale de 1950, filera dans l'œuvre, de *La Leçon* à *La Vase,* c'est celui de la mort, de l'obsession de la mort, de son attente, de la vieillesse et donc du temps. C'est là que Ionesco s'établit tel un contemplateur macabre, assis et installé dans la logique de l'angoisse primitive, celle du guignol du Luxembourg et des visions de convois funèbres le long du boulevard du Montparnasse, les distractions vives de son enfance. « Depuis l'âge de quatre ans, a-t-il écrit, depuis que j'ai su que j'allais mourir, l'angoisse ne m'a plus quitté. C'est comme si j'avais compris tout d'un coup qu'il n'y avait rien à faire pour y échapper et qu'il n'y avait plus rien à faire dans la vie. »

On ne s'étonnera pas qu'un tel dramaturge, à qui Adamov trouvait un côté « bébé fou », se fiche éperdument de l'Histoire, de celle que Georges Perec disait écrite avec une grande hache… Dans *Présent passé passé présent,* où il règle ses comptes avec son père (on y reviendra), il écrit : « Ne t'occupe pas de l'Histoire. Il ne faut avoir que des préoccupations métaphysiques. L'Histoire, c'est du mauvais théâtre. » Sauf pour *Rhinocéros,* évoquant le totalitarisme mais sans préciser lequel, Ionesco ne touchera en effet à rien qui soit *politique*. Des affaires de la cité ne le préoccuperont — du moins dans son œuvre — que les pommes de terre au lard, dont on croit savoir qu'il les déteste. Dans la vie, on sait qu'il était contre l'avortement et pour de Gaulle, contre Genet, et pro-israélien.

En 1934, revenu en Roumanie et écrivant dans quelques revues littéraires, il publia un ouvrage au titre éloquent de *Non* (*Nu* en roumain) dans lequel on trouve le credo de l'œuvre à venir : « Ne peut être important que ce qui est sans importance. Je ne crois donc ni en l'importance ni en la vérité de la mort. Je crois en la glace, en la pomme de terre, je crois à la littérature et à la critique littéraire, je crois au petit-déjeuner. » Ni anarchiste, ni nihiliste, ni existentialiste, l'auteur de *La Cantatrice chauve* était un poète surpris devant toute manifestation humaine, il était demeuré en lui quelque chose de l'enfant qui, sortant d'un cinéma où il aurait vu un film montrant un incendie, et voyant dans la rue un camion de pompiers, demanderait à sa mère s'il s'en va éteindre le feu.

L'Histoire avec sa grande hache, c'était son père, Eugen Ionescu. De sept à treize ans il le croyait mort, et s'en accommodait bien. Car M. Ionescu avait abandonné subitement sa famille à Paris pour retourner en Roumanie. On était resté sans nouvelles. Le fils vivait avec sa mère, qui était française, et la langue maternelle de Ionesco est celle de Molière. Mais soudain, ô surprise, le père n'étant pas mort, on apprend qu'il a unilatéralement divorcé (prétextant que sa femme a quitté le foyer) et que, remarié à Bucarest, il réclame la garde des enfants. Eugène à treize ans, en 1925, part donc pour Bucarest qu'il avait quitté à l'âge de deux ans et où il devra apprendre la langue du père. Ionesco avouera : « Tout ce que j'ai fait, c'est contre lui que je l'ai fait. »

Il dit « Mme Ionescu » à la femme du père réapparu. Chef de police qui deviendra avocat, sur-viril, ce père ne croyait qu'en une chose, l'autorité, où qu'elle soit, ce qui lui permit de traverser l'Histoire en passant du fascisme au communisme sans état d'âme ; garde de fer ou garde rouge, c'était pour lui une question de chemise. Durant la guerre de 1914-1918 il fut membre d'un parti pro-allemand. Lorsque les Allemands furent vaincus, il devint partisan du général Averesco, grande figure de la résistance roumaine. Le général mort, il entra dans le Parti national-paysan, démocrate et vaguement maçonnique. Puis la Seconde Guerre éclata et il redevint pro-allemand. Après la défaite, il ira *subito presto* au parti communiste. « Il est mort sous le regard bienveillant du régime nouveau », écrira son fils en ajoutant : « Ce qui est le plus intéressant, c'est que mon père n'était pas opportuniste. Il croyait au pouvoir. » On sent l'ombre de ce père dans le professeur de *La Leçon*…

Comme Chaplin passa de Charlot à Calvero, Ionesco passera de Mme Smith à Bérenger, de la farce au drame. Il a commencé par dérégler l'horloge avant de chercher à sonder l'heure pour y faire mourir, dans le temps de la représentation, un vieil enfant, monarque en deuil d'un chat, un roi détaché des affaires du royaume, têtu mais peu pressé et croyant en l'importance de la glace et du petit-déjeuner. C'est lui, en somme, se souvenant de la voix criarde des marionnettes du guignol du Luxembourg où sa mère l'attendait durant des heures, lui, ce roi qui se meurt, qui redevient insouciant de la demi-heure qui s'écoule ou de l'heure qu'il est, convaincu que le temps de la vie est celui de la mort.

Le dramaturge se meurt…, le 28 mars 1994. Académicien arthritique et écrivain corseté dans la Pléiade. La dernière fois qu'on le vit, il flottait dans un smoking, il avait quatre-vingt-deux ans, c'était au Théâtre du Châtelet à la Nuit des Molière de 1989 ; on lui rendait hommage pour l'ensemble de son œuvre. Sa femme et sa fille l'entouraient, il se leva, donc, il se tint de la main gauche sur le rebord en velours rouge de la loge et de la main droite ouverte et tremblante il salua la vaste salle, le regard absolument épuisé. On l'entendit dire d'une voix affaiblie : « Soyons gais, mais pas dupes. »

Deux hommes contemplant la lune

En attendant Godot, *de Samuel Beckett, créée le 5 janvier 1953 au Théâtre de Babylone à Paris dans une mise en scène de Roger Blin.*

Quatre mois après en avoir fini *avec le jugement de Dieu,* Antonin Artaud est mort, assis au pied de son lit, le corps agglutiné, désarticulé, un air de réticent cadavre s'en dégageant ; l'ancien beau des banquettes à la canne de jonc posée entre les jambes était devenu cet épouvantable Christ édenté de l'asile d'Ivry. « Fixé », avait expliqué Lacan à Roger Blin en voulant dire qu'il vivrait peut-être jusqu'à quatre-vingts ans mais n'écrirait plus une seule ligne.

Cette année-là, à l'hiver 1948, peinant quasi maladivement sur le manuscrit de *Malone meurt,* le roman d'un homme couché qui sera bientôt tout à fait mort, Samuel Beckett allait écrire (pour se divertir, comme il le dira) un dialogue de théâtre entre un dénommé Vladimir et un dénommé Estragon, une sorte de *Neveu de Rameau* où il n'y a que Lui et Lui, deux neveux, un maigre et un gras ; une satire qu'il titre *En attendant Godot* et que Roger Blin va mettre en scène avec des effets de clochards.

Le xxᵉ siècle, quand Artaud crève et que Beckett entreprend *Godot,* est un champ de décombres (« dans le dos les ruines de l'Europe », écrira plus tard Heiner Müller dans *Hamlet-machine*) et il n'y a pas de plan Marshall pour les consciences. L'Holocauste, où l'on a éliminé avec méthode des millions d'êtres humains au motif qu'ils étaient juifs, et au su du Vatican muet, est un Golgotha de masse imprescriptible. Qui lit *L'Espèce humaine* de Robert Antelme publié en 1947 ? Personne. Dans le chagrin et la pitié il faut comprendre l'incompréhensible pour oublier l'inoubliable, c'est-à-dire l'horreur, les chambres à gaz, Auschwitz, Buchenwald, Birkenau, Dachau, Bergen-Belsen et ces images en noir et blanc — nuit et brouillard — qui forcent au retranchement, au silence, à la retenue plus qu'à la peur car l'obscénité est, avec elles, entrée en scène — ce sont les images obsessives et quasiment abstraites des corps agglutinés, désarticulés, poussés en vrac par des pelles mécaniques au bord des fosses. Une décharge publique. La grande vidange d'Ubu.

Samuel Beckett a quarante-deux ans en 1948, c'est un Irlandais très beau de la rue des Favorites qui pratique le tennis, le piano et le whisky. Il a travaillé avec James Joyce à la fin des années 20 (assiégé par les avances de sa fille Lucia…) alors qu'à vingt-deux ans il était lecteur d'anglais à Normal Sup et que la nuit, rentrant de cuites colossales, il escaladait les grilles de la rue d'Ulm où il allait roupiller jusqu'à midi. Son œuvre en 1948 est alors incertaine, presque rien n'est publié, et encore moins lu, mais avec *Godot* il va prendre acte de la désolation humaine avec une austère élégance, une légèreté tragique, on croira à une noblesse de pénitent quand c'est la profonde mansuétude d'un fantaisiste athée. Subtil et comique, il va évoquer dans un théâtre gaillard et gris la misère de l'homme et sa solitude, l'échec qui s'inscrit dans l'existence même et, dans le cas somme toute assez gai de *Godot,* l'attente absolument vaine — et vécue à deux — d'un improbable rendez-vous avec quelqu'un chez qui, le soir même ou le lendemain, ou le surlendemain, Vladimir et Estragon coucheront peut-être au chaud, au sec, le ventre plein, sur la paille...

À son Estragon préféré, le comédien Peter Woodthorpe qui s'acharnait en scène sur ses bottines avec l'accent du Yorkshire, Beckett avoua un jour, durant un trajet en taxi de Londres à Chiswick, qu'il regrettait ce satané titre d'*En attendant Godot* à cause de la sempiternelle référence à Dieu que le nom de l'homme attendu provoquait dans le monde. « Si je savais qui était Godot, je l'aurais dit », lui dit-il, lui qui pouvait avoir à l'esprit tout autant le mot *godasse...,* et qui avait certes lu la pièce de Balzac, *Le Faiseur,* où au long de quatre actes un affairiste attend un spéculateur du nom de Godeau pour apprendre, au rideau final, qu'il arrivera de Calcutta avec une fortune *incalcuttable...*

Dans un autre taxi avec le même acteur, fuyant Piccadilly Circus et le champagne à la louche de la centième au Criterion Theatre en 1956, Beckett, qui n'était pas disert, cédera à la question de cet Estragon cockney qui veut tant savoir quel est, sinon le sens du titre, du moins le vrai sujet de *Godot.* Il lui dira : « Il n'y est question que de symbiose, Peter. Que de symbiose... » Et ils iront boire de la stout Beamish sans en remettre sur le sérieux de l'affaire...

Vladimir est le prénom d'un suicidé célèbre et Estragon le nom d'une plante de type serpentaire, mais saura-t-on jamais si le finaud Beckett a pensé et à Maïakovski et à l'herbe qui relève si bien le poulet ou adoucit la moutarde en baptisant son couple dépressif et rampant qui regrette déjà à la vingtième réplique de ne pas avoir été, « parmi les premiers », vers 1900, « il y a une éternité », à se jeter, « la main dans la main », en bas de la tour Eiffel... Effaçant ainsi de l'horizon le siècle entier. Maintenant il est trop tard, dira Vladimir, on ne les laisserait plus monter dans le bel ouvrage métallique de l'*exposition* dite universelle.

Les imagine-t-on, portant beau, à Paris, ces deux-là ? D'où sont-ils d'ailleurs ? Estragon qui, assis par terre, tente d'enlever sa saloperie de chaussure. Vladimir qui entre en s'approchant à petits pas raides, les jambes écartées, dans un décor de *route à la campagne, avec arbre. Soir.* Quand Pozzo, un gros homme du coin, va passer près d'eux (non, ce n'est pas Godot), il leur demandera : « Êtes-vous seulement du siècle ? » Aucun des deux ne peut répondre à une telle question.

On trouve dans un tableau du XIXᵉ siècle allemand la première évocation — romantique — de Vladimir et d'Estragon. Samuel Beckett a trente et un ans, il est célibataire et, revenu à Dublin, il a abandonné sa charge de professeur de français à Trinity College ; il ne travaille pas, il vit à Foxrock chez sa mère, qui ne décolère guère, et la nuit l'angoisse est telle qu'il demande à son frère de coucher avec lui. Il a des pleurésies, et des paniques, son père est mort, Joyce est si loin, à Londres il s'est allongé sur le divan du thérapeute Wilfred Ruprecht Bion ; il a écrit *Murphy* et ce qui deviendra *Bande et sarabande*, puis un petit essai sur Proust. Il sait qu'en Irlande il ne pourra pas devenir l'écrivain qu'il veut être. Un guide Baedeker en poche, il part donc pour l'Allemagne à l'automne 1936 et on le trouve un matin de janvier 1937 à Dresde, songeur devant un tableau de Caspar David Friedrich dont le titre est *Deux hommes contemplant la lune.*

Les deux contemplatifs tournent le dos à qui regarde le tableau. L'un, légèrement penché, a le bras droit posé sur l'épaule de l'autre, qui s'appuie sur une canne. Ils ont le même chapeau à large bord. L'un est en redingote, l'autre en cape. Tout est rouille et arrêté dans cette toile de 1819 mais une détresse générale en ressort, les deux amis semblant liés par une entente qui les a menés là face à la lune. Friedrich peignait des ruines et des cimetières. Karl Gustav Carus, dans ses

Lettres sur la peinture de paysage, écrit : « Quand il peignait le ciel, personne ne pouvait entrer dans son atelier. » Beckett passe tout l'après-midi devant les toiles de ce mélancolique minutieux et il note dans son carnet (il en a rempli six durant ce voyage muséal dans l'Allemagne par ailleurs hitlérienne) : « L'agréable prédilection pour deux hommes minuscules qui se languissent dans ses paysages, comme dans le petit paysage à la lune ; c'est le seul genre de romantisme qui reste supportable, le bémolisé. » En 1975, dans le cahier de mise en scène d'un *Godot* berlinois, il inscrira en marge : « C. D. Friedrich ».

Cette même année 1937, avant d'aller s'installer pour de bon à Paris et y retrouver Joyce (sans Lucia qui est maintenant en clinique), puis les chers zincs de sa jeunesse, Beckett verra Karl Valentin et l'acteur comique lui apparaîtra dépressif, l'ouvrier simplet qu'il incarne dans un sketch sue à échanger ses répliques avec le *second banana*. L'Allemagne est alors au creux de ce que Brecht décrit dans *Grand'Peur et misère du IIIe Reich*. Beckett écrit : « J'ai vu K. V. dans un café-théâtre minable des environs de Munich. Il traversait une passe difficile. J'ai été très ému. » Dans ses carnets allemands peu d'allusions à la guerre qui couve, mais le 6 octobre 1936 il note avoir entendu des discours « apoplectiques » d'Hitler et de Goebbels, autre type de duo dont le théâtre de mort allait vite se répandre dans toute l'Europe.

Dans une scène d'*En attendant Godot,* Vladimir demande à Estragon s'il était bien avec lui dans le Vaucluse pour les vendanges. Estragon réplique qu'il a coulé sa chaude-pisse d'existence là, dans la Merdecluse... La Seconde Guerre mondiale, pour Beckett, ce fut le Vaucluse avec Suzanne. Tout était rouille et arrêté à Roussillon, un village-colline, un paysage *bémolisé*. L'hôtel de la Poste. L'écoute de la BBC. Les promenades dans les champs ocres. Le travail à la vigne chez un nommé Bonnelly, et l'écriture pour ne pas devenir fou, disait-il. Beckett écrit alors son dernier roman anglais et racontable, *Watt*.

Le Vaucluse, voyage de noce immobile. Suzanne Desche-vaux-Dumesnil qui, après la guerre, portera les manuscrits aux éditeurs et aux metteurs en scène, est avec Beckett depuis peu et pour la vie. Au creux de l'attente ils s'échangent des réparties, des expressions, c'est là que la langue française va le saisir pour de bon car ils se corrigent, se surprennent, se relancent et se disputent. Il n'y a rien d'autre à faire que jouer à ces variétés linguistiques intimes, à se contredire et à s'en-gueuler pour se raccommoder ensuite. « Comme le temps passe quand on s'amuse ! », dit Vladimir à Estragon.

La guerre finie, et la rue des Favorites regagnée, Beckett filera à Foxrock dès l'été 1945. On dirait qu'il y court car il lui tarde de voir sa mère même si leur vie commune fut ora-geuse, même si elle se scandalisa à lire ce qu'il avait un jour laissé à vue sur la table ; il y eut alors une scène épouvantable où Beckett cassa de la vaisselle et lança un pudding sur le mur. Elle le chassa de la maison : crise inoubliable, comico-réelle. Il aimait sa mère si pudique et dont il décrira les yeux dans une lettre : « si déchirants d'enfance sans issue ». Le ren-dez-vous de 1945 est important car c'est là, « dans la chambre de [s]a mère » (l'incipit de *Molloy*) qu'il aura, comme celle qu'il attribue à Krapp sur la jetée de Dun Laoghaire, « la vision, enfin », c'est-à-dire la *révélation*, de ce que sera son œuvre, cette œuvre *inouïe* de Samuel Beckett, une histoire jamais entendue encore, l'œuvre abstractive et acharnée du grand retranchement de l'homme.

Si Joyce additionne, lui va soustraire ; aussi sec, pourrait-on dire. Au savoir, il opposera la perte. À la maîtrise, l'appau-vrissement. À l'homme joycien qui comprend le monde, l'homme beckettien qui s'en abstrait. Une frénésie d'écriture va s'ensuivre. C'est la réaction à l'œuvre qui l'impressionne le plus et à l'homme qui l'encombre, le sévère Joyce ; elle pro-voque la rédaction de *Molloy* sur-le-champ puis celle de *Malone meurt* où un homme couché dans un lit a hérité d'une chambre à la mort de la personne qui y est morte avant dans le même lit. Et, pour se divertir, avant d'écrire *L'Innommable* où il ne se passera plus rien, Beckett compose ce premier essai théâtral, le duo essentiellement comique d'*En attendant Godot*.

Il y avait déjà une amitié de solitaires esseulés dans l'œuvre de Beckett, un premier duo de vagabonds qui se retranchent du cocotier de l'espèce (de *l'espèce humaine*). On trouve dans ce duo un roman que Beckett écrivit en 1946 mais qu'il ne livra à l'édition qu'en 1970. C'est l'errance de deux hommes qui se demandent, sans savoir qui mène ni qui suit, s'ils n'auraient pas mieux fait de rester seuls… C'est *Mercier et Camier*. Lui et Lui, déjà, avant Gogo et Didi, avant Hamm et Clov, ou Krapp et la voix de Krapp enregistrée sur magnétophone…

Mercier et Camier se sont donc donné rendez-vous et ont assez d'argent pour aller et venir sans avoir à tendre la main; ils veulent voyager mais ils reviennent toujours à la ville, une ville non nommée où ils vont parfois dormir chez Hélène et (cela est très étonnant) faire — une fois — l'amour, par terre au salon; « avec des gestes d'arrangeuse de fleurs », écrit Beckett. Ils ont un parapluie, un sac, une bicyclette, un imperméable. Le parapluie, dit Camier, a fait ses débuts vers 1900, un temps splendide, « on y mourait comme des mouches »…

Camier, cas unique, a un prénom, François-Xavier, et il a un métier, détective. Les deux personnages ont des lettres car quand Mercier dit « Ainsi dans chaque situation la nature nous convie-t-elle au sourire, sinon au rire », Camier réplique « On dirait du Vauvenargues »… Ils ont surtout un pacte dont la règle est « qu'au moins faible le plus faible toujours s'en remette, pour la marche à suivre ». Didi et Gogo sont déjà présents dans ce pacte qui dit d'attendre, avec confiance, que le mauvais moment soit passé. Grande pudeur amicale, ce pacte stipule aussi que, sous aucun prétexte, on ne raconte à l'autre ses rêves. Vladimir réveille Estragon s'il s'endort…

Est-ce la déception des séances sur le divan de Bion ou parce qu'avec un « vieux copain de cauchemar », comme

Mercier appelle Camier, on ne peut frayer communément avec le rêve de l'autre ? Une réplique d'Estragon rappelle étrangement l'attitude d'une patiente de Freud, cette réplique du deuxième acte où Estragon entre en scène, frustré d'avoir entendu Vladimir chanter lorsqu'il était seul, et qu'il lance : « Ne me touche pas ! Ne me demande rien ! Ne me dis rien ! Reste avec moi ! »

Le 3 janvier 1953, on joue donc *En attendant Godot*. Roger Blin avait le texte depuis quatre ans, il en a fait des dactylographies pour des directeurs de salles et c'est Jean-Marie Serreau, s'apprêtant à fermer le Théâtre de Babylone, qui risqua l'aventure. Autant finir en beauté, se dit-il. Blin n'a pas pu monter la pièce au Gaîté-Montparnasse car la directrice n'y trouvait pas un rôle de femme, ni au Théâtre de Poche, si petit qu'on ne pourrait y faire tenir l'arbre sec ; les sous manquaient mais une jeune femme qui a lu le texte a avancé une somme qui garantit les représentations, elle s'appelait Delphine Seyrig, elle fera du cinéma…

Blin (qui a vite compris le beckettien) a engagé un comédien de caf'conc' du nom de Lucien Raimbourg pour incarner Vladimir. Pierre Latour, un échalas comique, sera Estragon. Puis l'acteur devant jouer Pozzo se désiste, le rôle est si ambigu où l'on verra le diable, le potentat, un Ubu sur la route. Brecht, qui aima la pièce, imaginait évidemment Pozzo en propriétaire. Blin, avec un faux ventre, en prendra donc la charge, lui qui voulait pourtant jouer Lucky, l'esclave que Pozzo fait danser et penser sur commande au bout d'une corde. À trois semaines du spectacle, Jean Martin prend au vol le rôle de Lucky et propose de le jouer avec un tremblement continuel de tous ses membres, de la salive coulant au coin des lèvres. L'habilleuse, chaque soir, en eut des nausées…

On se bouscula à la générale, les critiques furent bonnes mais l'accueil mitigé. Les amis durent donc battre le rappel et les admirateurs se répandre en ville ; un dramaturge établi aura une formule qui fera carrière, c'est Jean Anouilh qui déclare avoir vu « les pensées de Pascal jouées par les Fratellini ». Mais *Godot* n'a pas vraiment son scandale et la salle de deux cent trente places ne fait pas le plein. Il arrivera le scandale, poussif, à la trentième. Ce soir-là, une vingtaine de spectateurs bien fringués interrompent le monologue incohérent et baveux de Lucky, et on doit baisser le rideau. Dans la salle, la pagaille s'installe alors entre les partisans et cette poignée de détracteurs. Puis on joue le deuxième acte, qui est la reprise à peu de choses près du premier, et le chahut reprend et atteindra enfin la rumeur des cafés, puis des salons. Le Babylone sera sauvé de la faillite et Samuel Beckett ne connaîtra plus jamais cet anonymat dont il s'accommodait tant. Il sera dorénavant célèbre et discret jusqu'à sa mort, la même année que Suzanne, en 1989. Terminant sa vie rue Saint-Jacques en jouant des sonates de Haydn, *fixé*. J'ai chez moi le restant séché d'une fleur ramassée sur sa pierre tombale au cimetière du Montparnasse.

Au XXe siècle Beckett a relayé Tchekhov. S'il a prouvé à son tour que le théâtre n'est qu'attente, en tenant en respect le silence, il laisse dans la littérature universelle une œuvre acharnée où, en écho à Malone qui se dit « je suis un vieux fœtus », « je déboucherai en plein ossuaire », un Pozzo furieux expliquera à Gogo et à Didi qu'« un jour nous sommes nés, un jour nous mourrons » avant d'ajouter, posément, comme une confidence, « elles accouchent à cheval sur une tombe ». C'est la salive de Lucky qui troublait l'habilleuse et choqua vingt bourgeois le soir de la trentième. Et non « elles accouchent à cheval sur une tombe », cette réplique qui renferme du Shakespeare, mais que Shakespeare ne put concevoir…

Un petit air de France

Les Paravents, de Jean Genet, créée le 16 avril 1966 au Théâtre de l'Odéon à Paris dans une mise en scène de Roger Blin.

À l'ancien Trocadéro, en 1919, Roger Blin est emmené un soir au théâtre par son père. L'imagine-t-il, Sarah Bernhardt y jouait *Athalie* et l'actrice — les machinistes disaient alors « la vieille » — était portée sur un palanquin par quatre figurants ; elle était recouverte d'un manteau rouge. Visage plâtré, jambe de bois, d'une voix haut perchée qui fit peur au jeune garçon (c'est le nerf du souvenir), elle livrait le songe — « C'était pendant l'horreur d'une profonde nuit » — avec une grande délectation de haine. Arrivée au vers : « Pour réparer des ans l'irréparable outrage », l'angoisse obligée faisait place à une rage de fauve que Blin — il avait douze ans — interprétait comme une façon de dire à la salle : « C'est moi qui vous dis ça et je vous emmerde. »

Vision dérobée au désir, plaisir trop vif pour demeurer réel, scène primitive absolument inventée ou pur mensonge, ce que Roger Blin, à soixante-seize ans, racontait à Lynda Bellity Peskine au sujet de la Divine au Trocadéro, en ajoutant « mais l'ai-je vue vraiment, je n'en sais rien… », relayait avec une exacte extravagance ce que Jean Genet, chez qui le faux l'emporte, lui avait dit des *Paravents* et de la référence à la guerre d'Algérie qu'on y trouverait : « Vraie et pas vraie mais non fausse, la pièce a sa vérité. »

Jean Genet — qui disait qu'« écrire est un état de légèreté, d'inadhérence au sol » — avait en lui une disposition naturelle à la féerie. N'entend-on pas d'ailleurs le mot *ange* dans le prononcé de son nom ? Un *ange naît* qui a une tête de boxeur et le nez cassé, l'épaule ronde, et qui vole dans les troncs des églises… Alberto Giacometti — le seul homme qu'il ait jamais *admiré*, admit-il dans *L'Ennemi déclaré* — a saisi à l'huile cette criminalité angélique de Genet, ayant installé l'écrivain quarante-deux jours en ligne sur une chaise de paille qui lui striait les fesses.

Il y a de l'ange, et il y a du truand chez le poète des *Pompes funèbres*, et s'il y a trois écrivains dans le siècle qui sont de tels monstres, il est le moins récupérable de ces énergumènes de génie, tenus en respect et donc à distance, et dont les œuvres sont plus célèbres que fréquentées : l'antisémite pouilleux Céline, qui fuit en juin 1944 à Sigmaringen, avec une danseuse et son vieux chat ; l'asthmatique mondain Proust, qui se masturbe au bordel de garçons devant des rats affamés qui s'agressent sous ses yeux. Eux, et Genet le sodomite, ne sont répugnants qu'à ceux qui ne savent pas les lire ; ils sont d'un absolutisme et d'une ferveur qui gêne, culpabilise, éloigne… ; arrière-arrière-petits-fils d'un marquis mort à l'asile de Charenton, ces *écrivains radicaux* sont certes des criminels — un raciste, un sadique, un voleur —, car ils révèlent dans leurs œuvres le crime enfoui et commis en commun.

Ronsard et Paul Féval, lus à la colonie pénitentiaire de Mettray, ont fait de l'orphelin Jean Genet un autodidacte du verbe et du fait divers. Un écrivain de la préciosité qui descend dans l'univers des meurtriers et des pédérastes, et dont la plume maîtrise la grande finesse syntaxique de sa langue maternelle : jolie vengeance du fils d'une pauvre fille de la rue d'Assas qui l'abandonna à sept mois à l'Assistance publique, une fille de Lyon prénommée Gabrielle et aussitôt enfuie dans l'oubli général. Lui, un fugueur-né, il vola sa mère d'adoption, puis dans les librairies et les églises, piquant Proust et Racine. De tous ceux que j'ai lus c'est l'écrivain le plus voluptueusement *criminel,* et le plus violemment séraphique. Sa pulsion de meurtre passe tout entière dans la scansion de la phrase. L'*honorable adversaire...* de Claudel.

Roger Blin le croisa sur les quais au début des années 1940 : un type carré aux gestes délicats, une armoire à glace aux yeux suppliants qui s'est fait une carapace d'amant à Mettray et une âme de traître dans les rangs de l'armée française, petit caporal en fuite à vingt ans et déjà chez les Arabes, à Damas, amoureux d'un petit coiffeur de seize ans ; il aima les hommes les plus mâles et qui avaient des enfants, il eut durant la guerre un amant nazi et un amant résistant, choisis au débotté ; c'est un Rimbaud amoral des latrines et des bosquets des Tuileries, des trains pris sans titre de transport, vivant de larcins dans les fêtes foraines. Vers la fin de sa vie, il entrait dans les librairies Gallimard pour réclamer du pognon. Les petits gérants appelaient M. Gaston à Paris...

Jean Cocteau avait signalé à Blin l'élégance du lascar et le metteur en scène le fréquentera dès l'après-guerre. À trente-cinq ans, Genet était alors dans ses années-roman et ses années-prison, *Miracle de la rose* et *Notre-Dame des Fleurs* avaient été écrits à l'ombre (son soleil sexuel) pour des vols de mouchoirs ou de bouteilles d'apéritif, des coupons de soie, une édition rare des *Fêtes galantes.* Entre les levées d'écrou à la Santé et aux Tourelles, il tenait une boîte de bouquins devant Notre-Dame et vendait ce qu'il piquait chez Gibert. Ses tirages alors sont confidentiels, marqués « Fresnes » au bas de la page de garde. On les réclamait à voix basse. Un soir, il fit lire à Blin une plaquette éditée à cent exemplaires et à compte d'auteur, une chose qui débutait comme un sonnet de la Pléiade (« Le vent qui roule un cœur sur le pavé des cours ») et qui — éblouissante — n'était ni plus ni moins que *Le Condamné à mort,* le poème à Maurice Pilorge, assassin guillotiné dans une prison de province, son ami.

N'étant pas homosexuel, Roger Blin dira à Genet qui lui refile *Haute surveillance* comment il ne marche pas non plus dans la glorification du caïd, personnage qui lui apparaît un type de droite (distinction stérile pour Genet, la droite et la gauche ne se différenciant pas). Mais Blin, qui a été l'assistant d'Artaud pour *Les Cenci,* sent que ce poète va célébrer au théâtre la cruauté et la mort et qu'il le fera dans une transgression agressive pour commettre là (comme il le fait dans le roman) le crime dont on l'accuse ; voleur, il va sanctifier le voleur ; traître, il glorifie la traîtrise en s'exaltant au parfum de la réprobation... Sollers affirme : « Genet va aimer ce qui est mal haï. » La scène lui sera un Vatican pervers avec des ornementations païennes et des bulles d'éjaculation. Genet bat l'orgasme entre la convulsion cérémonielle et le crachat sacré, ce qui sera l'écho chez Blin de l'obsession de cette Athalie fauve et montée sur un palanquin... Le théâtre à ce niveau d'extase étant, comme Angelo Rinaldi le dit de la *Recherche* de Proust, « un festin de nuit où la mort passe les plats »...

À Marseille, croisant Louis Jouvet, l'accoucheur de fantaisies giralduciennes, Genet lui propose (mais pourquoi donc) une histoire de meurtre tirée d'un fait divers, le crime horrible des sœurs Papin qui lui sera prétexte à une variation sur la perversion des rôles. Ce sera *Les Bonnes,* un psychodrame parfumé à l'ammoniac que Jouvet traitera comme une *guerre des bonnes qui a lieu,* confondant la volupté travestie de Genet avec le gongorisme de Giraudoux, et faisant l'impasse sur la sexualité de cette mise à mort sublimée qui était déjà d'une insolence, celle de l'assaut des fauves au festin mortel.

Genet écrit dans ses *Lettres à Roger Blin* : « J'ignore tout du théâtre en général, mais j'en sais assez sur le mien. » Le *sien* théâtre était déjà entier dans la réplique de Claire qui, ironique, habillée d'une robe de Madame (qui est sortie), lance à Solange : « Reculez-vous. Vous sentez le fauve. De quelle infecte soupente où la nuit les valets vous visitent rapportez-vous ces odeurs ? » A-t-on vraiment entendu cela en 1947 à l'Athénée dans la voix de la comédienne Yvette Étievant ? En 1966, à l'Odéon, on entendra un lieutenant des *Paravents* dire à ses hommes avant le combat : « Je veux cousues dans vos doublures des images de gonzesses à poil et des immaculées de Lourdes [...], et des rubans dans vos poils du cul... »

Le *sien* théâtre, c'est-à-dire sexe et violence dans la splendeur *grand siècle* du texte, est d'une poésie fuligineuse. Une « beauté sale », écrira Gombrowicz, « de l'excrémentiel », dira Mauriac. Avec *Les Paravents,* ce théâtre va s'épanouir autour d'une petite crapule arabe qui traverse l'Algérois avec sa Mère quand « le pays a la chair de poule » ; il s'agit d'une suite de tableaux grossiers et grouillants qui s'emboîtent avec des grandiloquences et des gags, c'est un peu *Rocambole au désert,* une mascarade que l'auteur dédicace « à la mémoire d'un jeune mort ». Ce jeune mort, qui vit encore quand Genet écrit la pièce, c'est Abdallah, son amant, qui se suicidera à vingt-neuf ans dans une chambre de bonne du boulevard Richard-Lenoir. Avec les Nembutal de Genet. On le trouve les poignets tranchés, le sang a giclé sur les manuscrits, le matelas est si imbibé qu'on le jettera dans la Seine. Abdallah l'acrobate algérien au corps de flèche qui traversait des cerceaux de papier de soie dans des cirques allant de Belgique au Koweït, à qui Genet inventait de dangereuses chorégraphies.

Les Paravents est un ouvrage débraillé que le dramaturge titre d'abord *La Mort.* Avec cette pièce, Genet allait célébrer et abandonner le théâtre. C'est la dernière œuvre publiée de son vivant, à cinquante ans. Avant l'errance chez les Palestiniens et parmi les Panthères noires dont il épousera les causes pour la beauté des corps. Une dernière fois, il va aller le plus loin possible dans l'idée antique et pénétrante que la scène de théâtre est une arène où se livre une lutte d'ombres, *le lieu voisin de la mort* où tout est réuni pour crever ce qui nous en sépare (les cerceaux comme les paravents…).

Plus que Sartre l'enfermant dans une somme sanctifiante qui le fit s'évader du roman, Roger Blin a *aidé* le voleur de mouchoirs à devenir ce dramaturge capital qui va écrire en cinq ans *Le Balcon, Les Nègres* et cette pièce, *Les Paravents* : « ma pièce sur l'Arabe », disait-il. La guerre d'Algérie y est traitée comme une guerre juive chez Racine, par-dessous la jambe ; c'est l'écrin exotique et dépravé d'une variation sur la prostitution et la traîtrise où la population du cru est représentée à son sommet par une excentrique Athalie de bordel, la décadente Warda, où Saïd, « un petit tas d'ordures » qui s'est marié à la fille la plus laide du pays d'à côté, est la figure honteuse mais saturnienne d'une œuvre qui, expliquait Genet avec un certain orgueil, « se passe dans un domaine où la morale est remplacée par l'esthétique de la scène ».

La guerre d'Algérie n'est pas terminée lorsqu'en 1961, aux éditions de L'Arbalète, on publie le texte des *Paravents*. Édition discrète d'un écrivain dont le nom est sur toutes les lèvres. Genet a une réputation de forban, et le poète — les fines bouches diront « le Claudel de l'innommable » — est en train de secouer l'édifice littéraire français. Mais le texte apparaîtra alors sur papier comme une défense de l'individualisme à tous crins plus qu'une charge (qui s'y trouve) contre le colonialisme français. Barrault, approché par Blin, refuse alors d'inscrire la pièce à ses saisons de l'Odéon.

De Gaulle est à l'Élysée, l'autoritarisme du général est bien établi dans la Cinquième République, et le miroton d'Yvonne fume le jeudi dans la vaisselle présidentielle ; la

France de 1961 vit à l'heure algérienne depuis le soulèvement de la Toussaint 1954, le putsch des généraux et les attentats de l'OAS. À Mostaganem, le général a crié d'un balcon (ce sera une habitude…) : « Vive l'Algérie française ! », et à Alger il lancera : « Je vous ai compris »… Dans la presse on emploie l'expression « les événements d'Algérie » alors qu'il s'agit d'une guerre, et d'une sale guerre. La sortie de la France du pays de Houari Boumédiène, qui était aussi le pays de Camus, est un jeu de massacre, avec assassinats, tortures, trahisons et guet-apens. Au moment où l'on publie *Les Paravents,* la police parisienne réprime une manifestation où le pouvoir avouera trois morts quand on sait maintenant qu'il y en eut au moins 48, et peut-être 200 : des Arabes jetés à la Seine et jamais repêchés. Le préfet de police s'appelle Maurice Papon, l'individu a connu depuis un procès pour crime contre l'humanité, mais dans une autre affaire…, et c'est lui qui termine le siècle à Fresnes, là où Genet (pour de petits vols) écrivit ses plus beaux textes.

Ceux qui vont créer *Les Paravents* le 16 avril 1966 à l'Odéon ont signé en 1960 le *Manifeste des 121,* cette Déclaration sur le droit à l'insoumission dans la guerre d'Algérie qui fit un ramdam énorme ; Roger Blin, André Acquart le scénographe, Amidou, seul Arabe de la distribution, qui joue Saïd, Maria Casarès, la Mère (la pièce un temps s'appela aussi *La Mère*), Madeleine Renaud qui porte la perruque eiffellienne de Warda, et Barrault qui accueille enfin la pièce… Mais Genet, lui, ne l'a pas signé : « J'ai déserté il y a 20 ans pour voler la prime d'engagement, j'ai dix condamnations pour vols, je ne peux donc pas me porter caution morale pour des hommes et des femmes qui agissent par idéalisme. Que viendrait faire au milieu d'eux un voleur, pornographe, etc., et qui entend le demeurer ? »

Avec quelque chose de l'opéra chinois, des exigences scéniques contradictoires, et des didascalies irréalisables, le manuscrit des *Paravents* relève du genre *Soulier de satin,* un théâtre total imaginé par un poète qui ne fréquente pas le théâtre. Genet apporta à Blin un projet clés en mains avec et l'idée des paravents et la description des dessins (cactus, flammes, fusils, soleil) qu'auraient à y faire les comédiens. Dans la didascalie du treizième tableau (il y en a seize et l'entracte est au quinzième), Genet écrit : « où glissera, quand je le dirai, un paravent venant de la coulisse de droite ». « Quand je le dirai »…, c'est suave, n'est-ce-pas, et on imagine les répétitions où Genet, qui disait à Blin de ne pas trop se préoccuper de la guerre d'Algérie, « quoiqu'il faudra, ajoutait-il, la rappeler »…, assistait au travail de la troupe, adressant des remarques aux comédiens et livrant des notes vitement écrites et si précises, indiquant un ton, décrivant un regard avec la minutie qui fut celle de Pirandello.

La guerre terminée en juillet 1962, l'Algérie demeurait un sujet tabou. Alain Resnais et Jean Cayrol, dans *Muriel* en 1963, sont parmi les rares artistes à évoquer le traumatisme d'un garçon rentré en métropole. Genet, lui, se moquait de cette guerre et il affirmait être « pour les Algériens plutôt », disant : « […] je suis toujours du côté du plus fort. » Il se foutait de la réalité politique. Poète *voyant* sous la pourriture des corps le vice des âmes, et sous le masque de l'homme la figure de la mort, il ne voyait en chaque personnage — colon ou arabe — qu'une blessure disparaissant sous différents ornements.

Mais Genet, qui détestait tant la France qu'il salua Hitler de l'avoir humiliée, va placer dans sa grande arlequinade une scène qui sera explosive (et plus tard jouée en coulisse) où les légionnaires français (il a demandé de les costumer avec les uniformes de la conquête de 1830, genre duc d'Aumale) s'adonnent à une cérémonie d'adieu autour de leur lieutenant blessé, chacun y allant la jambe relevée d'un pet bien gras afin que le lieutenant sente, une dernière fois, un petit air de France… ; l'un d'eux dira avec dévotion : « La patrie m'environne quand je déplisse le trou de mon cul… »

Cette fameuse « scène des pets » déclencha les hostilités de mai 1966 sur la place de l'Odéon, hostilités qui furent en somme le prologue d'extrême droite à l'utopie libertaire de Mai 68, car cette « bataille des *Paravents* » eut lieu devant le théâtre que les étudiants allaient occuper (Genet s'en était moqué qui les aurait préférés au palais de justice…) et où ils interdiraient d'interdire tout en fumant le hashisch des Katangais établis dans les chiottes du Théâtre de France.

Déclenchée à la trentième (jusque-là le tout-Paris s'y ennuyait, Louise de Vilmorin quitta la générale au moment des pets mais Elvire Popesco resta jusqu'à la fin), la bataille des *Paravents* fut menée par des anciens d'Indochine et un commando d'extrême droite dans lequel le parachutiste Jean-Marie Le Pen portait beau. Ce soir-là, on lança des bombes fumigènes et des chaises depuis les balcons, un comédien fut blessé. Et Le Pen revint chaque soir avec ses troupes — la bataille dura du 2 au 7 mai — pour menacer d'envahir le théâtre qui était protégé par des unités de CRS. Chez les défenseurs de Genet, qui, lui, regardait ça en riant depuis les fenêtres du foyer, se trouvaient le jeune Patrice Chéreau, qui deviendra le plus grand metteur en scène français de son époque, et un gamin roux et fantasque qui s'appelait Daniel Cohn-Bendit.

Aujourd'hui, Jean-Marie Le Pen et Daniel Cohn-Bendit sont députés européens. Et Genet — l'un des grands écrivains du XXe siècle — est mort à l'hôtel Jack's, un établissement deux étoiles du XIIIe arrondissement ; en avril 1986, il est allé y attendre la mort, un octogénaire malade et seul. « Les hommes seuls restent seuls », avait-il dit dans une interview à *Playboy* en 1964.

Maria Casarès raconta qu'un jour, pendant les répétitions des *Paravents,* hissée sur un praticable et travaillant la scène où la Mère lance un cri d'amour furieux à son fils Saïd, elle osa — « pour le trouver, pour le pousser » — regarder Genet, qui était assis dans la salle. Elle cria sa réplique avec une rage de fauve : « Chienne, moi chienne et grosse d'un chiot bâtard je t'ai gardé dans mes tripes… » Genet, avant de partir à la sauvette, comme d'habitude, vint au pied du praticable et, la tête levée vers Casarès, tel un fils aux pieds d'Athalie, il chuchota : « Vous m'aimez beaucoup, n'est-ce pas ? »

La solidarité de malchance

Les Belles-sœurs, *de Michel Tremblay, créée le 28 août 1968 au Théâtre du Rideau Vert à Montréal dans une mise en scène d'André Brassard.*

Catholiques, elles sont grossièrement catholiques les femmes qui arrivent l'une après l'autre chez Germaine Lauzon ce jeudi soir-là, *après souper.* Farceuses ou de mauvaise humeur, calomnieuses dès que l'occasion se présente, il y a là les trois sœurs de Germaine dont l'une, Pierrette Guérin, qui arrivera à l'improviste, est une *fille de club,* une *démone,* et Thérèse Dubuc sa seule véritable belle-sœur, puis des voisines comme Des Neiges Verrette et Yvette Longpré, Mme de Courval endimanchée comme toujours : elles vont coller dans de petits livrets ce million de timbres-primes que la «maudite chanceuse» vient de remporter dans un concours radiophonique.

Quinze femmes qui escamoteront la récitation du chapelet de sept heures, une fois n'est pas coutume, et qui se ridiculisent à qui mieux mieux l'une l'autre, en se moquant surtout de celles qui veulent faire *la fine*; elles s'engueulent et disent du mal des absentes, évoquant l'Italienne des alentours « qui pue c'te femme-là, c'est pas croyable! » et racontant des histoires cochonnes tout en se plaignant des hommes... Elles prendront la fuite avant minuit, les « sacoches » pleines de timbres. L'action se passe en 1965 dans une paroisse pauvre d'un quartier ouvrier d'une province francophone d'Amérique du Nord que Claudel — à Jean-Louis Barrault qui venait y jouer Marivaux en 1952 — décrivit comme « un Tibet catholique »...

L'auteur de *Connaissance de l'Est* avait gardé d'un passage au Québec l'image désolante d'une théocratie d'évêques bornés (Balzac y était à l'index...) qui dirigeait au crucifix et à la bague d'améthyste un fort sombre *régime de soutanes*... Barrault, d'ailleurs, fut sommé, avant de pouvoir jouer *La Double Inconstance,* de comparaître devant un cardinal qui le reçut, assis à distance sur un trône, et qui avait de Marivaux le vague soupçon d'une cochonnerie culturelle...

À la gouverne temporelle de ce « Tibet catholique » — mais sans civilisation ancienne ni dalaï-lama... — s'était astucieusement acoquiné aux évêques, depuis le milieu des années 1930, un célibataire artificieux, notable de province amateur de baseball, sorte de tyranneau retors du beau nom de Maurice Le Noblet Duplessis. C'était un bagarreur politique à l'ancienne, un orateur élégant aux phrases complètes (son atout auprès de la population inculte), un premier ministre ambitieux mais sans idéal qui — livrant à bas prix les richesses naturelles de *sa* province aux industriels de New York — avait réussi à tendre fermement son autorité politique avec le soutien de l'appareil clérical, qui était alors une véritable camorra pourpre.

L'Église et l'État, au Québec, liés comme larrons, étaient les forces complices non pas d'une résistance chrétienne radicale et héroïque (Claudel se trompait pour le *Tibet,* il passa trop vite) mais d'une petite dictature catho-politicarde établie à demeure sur l'ignorance du peuple. Les congrès marials y avaient dans leur régularité quelque chose des messes de Nuremberg... tandis qu'un système concentrationnaire géré par les communautés religieuses retenait de force jusqu'à l'âge adulte (mais sans les instruire) les enfants nés hors mariage, appelés dédaigneusement « les enfants de l'amour » et aujourd'hui surnommés « les orphelins de Duplessis ».

La misère intellectuelle et la violence des belles-sœurs vient de là, ne cherchons plus ; leurs mères et elles-mêmes ont vécu dans un maelström obscurantiste entretenu hypocritement par les curés, et le gouvernement dit si justement « de la grande noirceur », régime qui ne cessa de sévir qu'à la mort de l'autocrate en 1959, un an après celle de Pie XII. La longévité de ce régime ultraconservateur, sa perversion morale et sa corruption politique, la nature xénophobe de son nationalisme fait de passivité, de repli sur soi, d'une résistance féroce à la circulation des idées, ont marqué l'histoire du Québec dans laquelle Michel Tremblay se glissa en 1968 avec le spectaculaire débarquement de ces femmes bavardes et frustrées, dites belles-sœurs, et qui, parlant la langue de la rue, envahirent le *théâtre colonisé* dans une salle embourgeoisée où l'on jouait Roussin et Montherlant avec des accents plus ou moins alignés sur la diction de Paris.

Avec l'idée du vol des timbres, la pièce offrit aux spectateurs une métaphore terrible, vision supratragique d'un désastre social hystérique, mais le tout joué dans un registre comique qui était à la fois familier et inouï. Le choc passé, on reconnut, à travers la collective autodestruction de ces quinze femmes, le portrait d'un matriarcat de névrose et de castration qui, impuissant, ridicule, constituait le ferment morbide de la société canadienne-française : un peuple bâtard et survivant dans l'ignorance, et donc la moquerie, la rage et le mépris de soi. Michel Tremblay tendait à la salle un miroir caricatural et vériste à la fois, car la pièce offrait l'image à peine grossie de l'avilissement culturel de son environnement familial et d'un peuple condamné à une ironie macabre, se croyant inférieur, se sachant sans avenir, vivant forcément dans la haine de l'Autre.

La pièce eut un impact prolongé qui — lié à un mouvement poétique axé sur la défense de la langue de la rue appelée le « joual » — jeta les bases de ce que l'on appela alors la « québécitude », état d'âme mélancolique du vaincu (la conquête anglaise de 1760 jamais acceptée, subie dans le silence, oubliée dans l'amertume). La québécitude est un sentiment enfoui, fait de défaitisme et de fureur, surtout une rage. En tout cas, un de ces états complexes qu'analysait alors Albert Memmi, intellectuel tunisien. Memmi a établi dans *Portrait du colonisé* les contours ambigus de la relation coloniale africaine par rapport à laquelle le modèle canadien-français est une déviation du rapport dominant-dominé classique, la version maso-incestueuse où — à défaut d'un oppresseur réel et resserrant son emprise — le Canadien français est devenu (en deux siècles de repli aveugle) son propre colonisateur, donc son ennemi, mesquin et enragé comme les voleuses qui chipent les timbres de Germaine Lauzon pour une lampe ou un chaudron, mais ne dénonceront pas le concours, tout en disant, comme Marie-Ange Brouillette : « Ça devrait pas exister ces concours-là. »

Cette pièce, emblématique d'une névrose de perdants, n'a rien de brechtien car le théâtre de Tremblay est en osmose avec ce monde de femmes. Contrairement aux pièces d'Aimé Césaire, qui lui sont contemporaines, et apparentées, où retentit aussi un cri de colonisé qui a conduit à la reconnaissance d'une « négritude », le théâtre de Tremblay (à travers toutes ses pièces) tire sa force d'impact du simple portrait comique du désarroi. Dans *Une saison au Congo* qui date de 1966, Césaire, lui, met en scène la machination coloniale, et non seulement la rage, et son théâtre devient alors fortement politique. Il dénonce, il met en scène le meurtre (celui de Patrice Lumumba assassiné en 1961), il chante la liberté à travers la mort d'un rebelle. Il est tragique, Césaire.

Avec Tremblay, dont l'œuvre ne vise jamais à dénoncer le colonialisme (tout intérieur soit-il) ni à en briser les chaînes (tout immatérielles soient-elles), le théâtre demeure habilement sur le plan autrement efficace d'un divertissement tragicomique, cynique certes car la pièce, dans la mise en scène de la création, se terminait sur l'hymne national *Ô Canada* (identifié à l'Autre, à l'Anglais, objet du ressentiment) que chante la pourtant dépossédée Germaine, mais tout y est finalement cocasse, d'une étrangeté bouffonne, avec un rien de vanité qui accentue voluptueusement le misérabilisme de l'ensemble.

Alors que le Martiniquais Césaire dénonce un servage et magnifie la résistance (il a poursuivi son combat à l'Assemblée nationale française), Tremblay, lui, se contente d'exposer la petitesse tribale de ses semblables. Son œuvre n'atteint pas à la dignité de celle de Césaire car elle relève de l'autodérision. Mais, à sa manière, elle sonna au Québec une certaine décolonisation, du moins dans la dramaturgie. Elle fit naître un théâtre populaire, empreint de misère et traversé de cynisme, une dramaturgie qui fut dite *d'affirmation* jusqu'à l'échec du référendum de mai 1980 sur l'avenir politique de cette province, dramaturgie d'instinct axée sur l'émotion de la reconnaissance entre semblables. Un théâtre *national* est ainsi apparu dans l'aveu même du désir de *national,* et malgré l'échec du *national,* un théâtre vraiment à la limite du masochisme.

Échec. Morbidité. Masochisme. Dans *la belle province* — où le discours souverainiste n'est plus aujourd'hui qu'une stérile rhétorique de *professionnels,* un bavardage incessant de belles-sœurs… — les générations post-duplessistes désireuses de rompre le pacte fédéral de 1867 n'ont jamais pu échapper à cette lancinante gérance de la plainte, l'*homo quebecus* ne s'étant pas libéré de son complexe d'infériorité, cette tare si brutalement et comiquement étalée dans *Les Belles-sœurs.*

Quand, en 1967, le général de Gaulle vint au Québec, descendant du croiseur *Colbert* à l'anse au Foulon et montant triomphalement vers Montréal par le chemin du Roy, ce géant politique — qui cria au balcon de l'hôtel de ville de Montréal « Vive le Québec libre », comme une Édith Piaf « emportée par la foule » — aura finalement, au bout du compte, indisposé les nains politiques de la souveraineté québécoise car, comme Claudel croyant voir un Tibet catholique en 1952, Charles de Gaulle crut déceler au Québec une réelle force politique, et l'un comme l'autre auront mal jugé des Québécois, ces éternels velléitaires coincés et satisfaits dans une page de l'histoire qu'ils refusent de tourner.

La société canadienne-française qui a produit Germaine Lauzon et les belles-sœurs avait comme idole de parade — ne l'oublions jamais — le mouton de saint Jean-Baptiste (un décapité) ; les *bonnes sœurs* enseignaient aux futures *belles-sœurs* l'économie domestique, à coudre et à cuisiner jusqu'à *la sainte union du mariage* où, comme le raconte Yvette Longpré, il y a « un prêtre en sucre sur le gâteau de noce » ; et des Christ sont cloués au-dessus des lits quand celles qui se marient, et s'y couchent, ignorent encore (Rose Ouimet l'avoue) ce qui se passera sous le crucifix.

Prolétaires, elles sont férocement prolétaires les voisines de Germaine Lauzon qui travaillent comme « des damnées », gèrent le salaire du mari en ne lui laissant que la part de la taverne mais se plaignent entre elles des hommes qui boivent entre eux, rageant contre « les cochons » qui les engrossent ; la vieille fille — Angéline Sauvé, Rhéauna Bibeau — ayant échappé à ce rite budgétaire et bestial ratisse les salons mortuaires sans trop connaître le nom du mort ; elle a été vendeuse, *waitress,* elle vieillit dans l'aigreur ; grosses ou faméliques, jalouses ou mesquines, à sept heures du soir, célibataires ou mères de famille, elles récitent le chapelet à genoux devant un poste de radio, soumises à d'inexprimables angoisses et à d'inextricables peurs.

Ces femmes que Tremblay met en scène sont le triste produit d'une société de génuflexion, elles ruminent et meuglent leurs malheurs de génitrice — « mes maudites vaches », dira Germaine Lauzon ; elles mènent « une maudite vie plate », soumise au « maudit cul » (l'une affirme que son mari l'agresse matin et soir) ; il y a dans cette *assemblée des femmes* un chant qui demeure inabouti, et, contrairement à *l'assemblée des femmes* d'Aristophane, elles ne feront que s'avilir entre elles. Sans une Praxagora ni une Lysistrata à leur tête, les belles-sœurs ne savent où situer le pouvoir à prendre et elles n'auront pas raison de ces hommes qu'un malentendu ancestral isole d'elles dans une solitude pourtant semblable.

Sans culture, laissées pour compte dans le résidu urbain d'une ville, lointaines bâtardes des orphelines françaises sans dot que Louis XIV envoya en Nouvelle-France, criardes dans l'impuissance atavique de leur race *née pour un petit pain,* elles ne sont que brutales, vulgaires, épaisses, *étronnes,* dira l'autre, condamnées à la masse défécante du troupeau. Ce n'est que par désœuvrement qu'elles se liguent lâchement ce soir-là, puisque Germaine Lauzon vient par hasard de briser la solidarité de malchance.

Le garçon qui les rassemble — « J't'ai dit que je faisais un party de femmes, rien que des femmes ! », hurle Germaine à sa fille Linda — et les jette dans la fosse d'une cuisine, il a vingt-trois ans, il est homosexuel, il lit la comtesse de Ségur et les Grecs, il aime les morts lentes de l'opéra, il vit dans le quartier des belles-sœurs qu'il ne quittera jamais vraiment. Évacuant d'emblée toute sexualité, il va écrire une œuvre transfiguratrice mais infernale, dominée par les figures de mamans sacrifiées et de putains enfuies, saintes à demeure et dévergondées de la rue, introverties et grandes folles, sœurs envahissantes et tantes dominantes, toutes observées avec un regard fasciné et froidement détaché. Délire clinique d'un fils à sa maman.

Michel Tremblay, dans *Douze coups de théâtre,* s'attarde à décrire le geste de sa mère qui tirait parfois sur sa robe vers le bas comme pour l'allonger ; c'était le signe, savait-il, qu'elle ne disait pas ce qu'elle pensait… Cette complicité reproduit, à l'échelle prolétaire, le modèle qui unissait le petit Marcel à Mme Adrien Proust, née Weill, mais sans la madeleine ni la sonate, ni les tableaux de petits maîtres dans la salle à manger, ni le parfum du bal remplissant la chambre au moment tant désiré et si attendu du baiser du soir, boulevard Haussmann…

Il y a toujours un amour de mère au démarrage des œuvres (même chez Genet qui ne connut pas la sienne), et chez Tremblay comme chez Proust le fils ne pourra vivre que dans l'écriture ce grand amour quand, la mère enfin morte, l'écrivain libéré du lien si fort va écrire à l'aise le jeu de l'indécence, de la misère, de la vengeance, de la brutalité, de l'aveu et des mensonges, de la tendresse, de la mort.

Que se passe-t-il dans la rue Fabre, à Montréal, pour qu'un garçon né dans ce quartier ouvrier en 1942 devienne avec la charge pourtant autodestructrice des *Belles-sœurs* un dramaturge qui récoltera sa vie durant tous les honneurs prétendument nationaux ? C'est qu'il a révélé le secret que maman n'aurait su entendre — le complexe d'infériorité de la race —, et, en le faisant par le biais de l'autodérision radicale, il a sollicité et obtenu le rire (la pièce fera s'esclaffer les salles à la création, Tremblay réalisant le souhait tchékhovien de ne pas être pris au sérieux en exhibant le malheur de ses semblables…). Et puis il aura été le premier à le faire.

Morte avant l'accouchement des *Belles-sœurs,* la maman du petit Michel, si elle avait vécu, aurait été effrayée par le portrait violent des femmes du Plateau Mont-Royal, ses semblables, ses sœurs ; Tremblay a d'ailleurs mis en scène dans *Le Vrai Monde ?* cette frayeur de la mère devant l'œuvre à naître du fils… qui va trahir son silence. Elle n'y aurait vu qu'agression, méchanceté, viol, et, comme une Mme Adrien Proust qui aurait lu des passages de *La Recherche,* elle n'aurait rien compris au regard si macabre que pose son cher fils sur le monde d'alentour.

Rhéauna Rathier aurait-elle pu comprendre l'amour incommensurable que nécessitait pourtant la tâche qui fut celle de son enfant de s'investir ainsi dans l'intimité d'un nœud de femmes pour faire passer par elles — sublimées dans leur misère — son propre malheur, sa révolte, sa panique, cet effroi de l'artiste devant la fatalité du monde, toutes ces forces inspirantes qui — par l'entremise de l'anecdote d'un concours dont il aperçut l'affiche sur le flanc d'un autobus rue Mont-Royal à l'hiver 1965 — l'amenèrent à jeter sur papier — pour que cela soit projeté dans l'espace d'une scène — cette détresse inouïe, ce théâtre de l'échec général qui équivaut à la lettre que l'écrivain ne poste jamais à sa mère, ou à la lettre que Kafka n'a jamais envoyée à son père ; car comment expliquer à ceux qui nous ont mis au monde le malheur d'être tombé dans ce monde-là…

Depuis la création des *Belles-sœurs,* le 28 août 1968 au Théâtre du Rideau-Vert, on a joué la pièce à Glasgow, à Florence, à Stratford ; la jouera-t-on enfin un jour à Paris, car au-delà du stigmate que cette pièce a creusé dans la main d'un peuple (mais qu'est-ce que ce peuple dont l'actuel chef politique attend « des conditions gagnantes » pour le rendre *libre…*), il demeure que dans la furia des voisines de Germaine Lauzon, dans ce *blitzkrieg* de cuisine, on trouve le portrait d'une misère épouvantablement comique que Goldoni n'aurait su concevoir aussi grande, et que Molière — l'imaginant chez les savantes et les précieuses — n'a pas su mieux saisir pour que le plaisir, du malheur, triomphe, encore une fois.

« Mon cerveau est une cicatrice »

Hamlet-machine, de Heiner Müller, écrite en 1977 et créée le 14 novembre 1978 à Bruxelles dans une mise en scène de Marc Liebens.

« Lui, Hamlet, étranger en tous lieux où il poind… » C'est Mallarmé qui écrivait cela dans *Crayonné au théâtre*, les rares carnets d'un critique qui, au siècle dernier, accoudait son âme au velours incarnat des balcons… Il quittait la rue de Rome pour aller entendre le *texte séculaire* dans la voix majestueuse et basse de Mounet-Sully, ce grand acteur qui offrait du prince, dans un théâtre pourtant agonisant, « une ressemblance immortelle »… « L'inquiétant ou funèbre envahissement de sa présence », note le crayonneur qui avoue ressentir « l'antagonisme de rêve chez l'homme avec les fatalités à son existence départies par le malheur. »

Mallarmé, sur le charme d'Hamlet, « tout d'élégance désolée », fixait un regard perçant : « Ce contemporain, qui tire de l'instinct parfois indéchiffrable à lui-même des éclairs de scoliaste. » Il ajoutait : « Ainsi m'apparaît rendue la dualité morbide qui fait le cas d'Hamlet. » Le *cas* d'Hamlet…, jeune homme étranger et présent aux sursauts politiques ; un intellectuel, donc.

Cette *ressemblance immortelle,* Jean Genet l'aperçut, lui, dans les yeux des jeunes fedayins avec lesquels il longeait des murailles dans la bande de Gaza, la mort présente à deux mètres, allant ressentir là « l'appel au bord d'un abîme horizontal, plus impérieux, plus capable de [l]'accueillir pour l'éternité qu'un gouffre hurlant [s]on nom ». Dans *Un captif amoureux,* on trouve cette interrogation saugrenue : « Aurait-il connu ce bonheur d'un vertige suicidaire si Hamlet n'avait eu ni public ni réplique ? »

Au XVIIIe siècle le cher Voltaire, si jaloux de Shakespeare mais s'en inspirant assez (il y a dans *Sémiramis* le spectre d'un roi assassiné qui apparaît à son fils…), traduit pour le moquer le fameux monologue *(être ou n'être pas)* et il le place dans son *Appel à toutes les nations de l'Europe.* Il disait d'*Hamlet,* dont il a vu une représentation londonienne au Drury Lane en 1726, et lu le texte dans la brochure du souffleur : « On dirait que cet ouvrage est le fruit de l'imagination d'un sauvage ivre… »

À travers les siècles de Voltaire, de Mallarmé et de Genet, où il point à chaque fois étrange et reconnu, le prince Hamlet passe ainsi du barbare au scoliaste puis à l'insurgé ; sauvage et suicidaire, il *est* dans le vertige et la morbidité, il va de l'élégance à l'ivresse, c'est l'éternel contemporain qu'esquissa au XVIe siècle un acteur anglais d'une intelligence si vive qu'il laissa ouverte comme une énigme, ou comme une plaie, l'identité profonde de cet étudiant fictif de Wittenberg.

En janvier 1977, Heiner Müller — qui va écrire un *Hamlet-machine* — est en villégiature dans une dictature voisine de la sienne, en Bulgarie, « un très bon endroit pour écrire », affirmera-t-il dans un ouvrage autobiographique, *Guerre sans bataille…* ; il croit trouver là un recul par rapport à l'Allemagne de l'Est, celle d'Eppendorf en Saxe où il est né en 1929, celle qui a fait construire le mur de Berlin en 1961, cette RDA dite République *démocratique…,* celle qui tire à vue depuis ses miradors sur quiconque tente de traverser clandestinement vers l'Ouest.

Lui, citoyen énigmatique, surveillé par les chambellans, comédien, dramaturge, poète, il fume des cigares cubains Hoyos de Monterey qui maintiennent un brouillard d'Elseneur autour de sa figure d'intellectuel narquois, dérangeant, parfois censuré mais apparemment respectueux de l'État communiste. Si, d'une part, on l'accuse de pessimisme, d'autre part on peut le décorer… Heiner Müller vit donc sa vie d'écrivain dans le ressac quotidien d'une énorme décision-non-décision, celle d'*être* à l'Est et de n'*être pas* à l'Ouest ; il dira être resté à l'Est pour vivre « dans la pression de l'expérience », mais ce sera aussi dans la honte, il l'avouera.

Vivre du côté communiste, « là où l'espérance ne s'est pas réalisée », c'était pour Müller une embuscade plus qu'un enfermement. Du moins était-il sans doute convaincu d'être, là, utile au théâtre et, d'une certaine façon, libre, car fidèle à son refus du capitalisme et aussi *parce que Brecht était là.* Mais Brecht est dans son cercueil d'acier depuis août 1956, il n'a pas assisté à la répression soviétique de novembre 1956 en Hongrie ; Brecht n'a pas vu les *remparts* s'ériger à Berlin en 1961, et ce mur passant tout près du Berliner Ensemble. Le mur qui encercle dorénavant un Danemark est-allemand qui pourrit de l'intérieur et dans lequel Heiner Müller va devoir *jouer* Hamlet, du moins va-t-il écrire dans cette pièce de 1977 : « J'étais Hamlet », « comme une bosse je traîne ma lourde cervelle / Deuxième clown dans le printemps communiste ».

Les années 1970 sont celles du terrorisme. En 1977, Andreas Baader est mort dans sa cellule de la prison de Stammheim. Avec la Fraction Armée rouge, et sa compagne

Ulrike Meinhof, il a mené la guérilla contre l'organisation politique de l'Allemagne de l'Ouest. Dans ce contexte, Heiner Müller, le 4 janvier 1977, écrit un texte qu'il titrera *Adieu à la pièce didactique*, où il affirme que « l'humanisme ne se manifeste plus qu'en tant que terrorisme ». Texte alors demeuré secret et qu'on ne lira que plus tard. Un texte qui se terminait ainsi : « Il faut parfois mettre la tête dans le sable (boue pierre) pour voir plus avant. »

L'idéal socialiste de Rosa Luxembourg (assassinée en 1919) était aussi, d'une manière moins flamboyante, celui du père de Heiner Müller, qui était un dirigeant social-démocrate et qui fut arrêté par les nazis en 1933. Cette arrestation, c'est la scène primitive pour le futur écrivain qui a alors quatre ans. Scène nocturne. Scène capitale. Spectrale avec père. Il l'a racontée dans un texte de 1958 intitulé *Le Père*, et là est la genèse d'*Hamlet-machine* : « J'entendis la voix de mon père, plus claire que les voix étrangères. Je descendis du lit et allai à la porte. Par l'entrebâillement, je vis un homme frapper mon père au visage. Grelottant, la couverture tirée jusqu'au menton, j'étais dans le lit lorsque la porte de ma chambre s'ouvrit. Dans la porte, mon père, derrière lui les étrangers, grands, en uniformes bruns. Ils étaient trois. L'un, de la main, tenait la porte ouverte. Mon père avait la lumière dans le dos, je ne pouvais pas voir son visage. Je l'entendis appeler doucement mon nom. Je ne répondis pas et restai immobile. Puis mon père dit : il dort. La porte se ferma. Je les entendis l'emmener puis le petit pas de ma mère qui revenait seule. »

Lui, Heiner Müller, étranger en tous lieux où il point, il va devoir, dans un sommeil feint (la tête dans le sable), réagir en silence aux saisies violentes et intimes de l'histoire du siècle communiste : la fuite de son père à l'Ouest en 1951, Budapest 1956 et l'assassinat d'Imre Nagy, l'érection du mur en 1961, son exclusion de l'Union des écrivains, des expulsions d'amis, l'écrasement du Printemps de Prague en août 1968 — « Mes pensées sont des plaies dans mon cerveau », écrit Müller dans *Hamlet-machine* — et enfin la Charte 77 que signe avec des camarades tchécoslovaques, au premier jour de cette année-là, qui est l'année d'*Hamlet-machine,* un dramaturge qui, comme lui, vit *derrière le rideau de fer,* Vaclav Havel. La dissidence sort de la coulisse pendant que Heiner Müller circule dans les cintres, sous les combles, au-dessus de la pièce..., dans la poussière du théâtre. Dans *Hamlet-machine* il écrira : « Ma place, si mon drame avait encore lieu, serait des deux côtés du front, entre les fronts, au-dessus. Je me tiens dans l'odeur de respiration de la foule... »

Vaclav Havel — aujourd'hui président de la République tchèque à l'issue d'une révolution dite de velours... — était éclairagiste au Théâtre *Na zàbradli.* Il se mit un jour à écrire des satires sociales, comme un Labiche socialiste troquant les ronds-de-cuir contre des apparatchiks. Leader de la Charte 77, il fut jeté en prison en 1978. Andreas Baader et Vaclav Havel étant au trou, c'est, au cœur des turbulentes années 1970, la convergence hamlettienne du terrorisme et de la dissidence, deux rébellions radicales, l'une violente et l'autre intellectuelle, toutes deux réprimées. L'interprète d'Hamlet dans *Hamlet-machine* aura à dire cette réplique de Müller : « J'agite, étranglé par l'envie de vomir, mon poing contre moi-même qui suis derrière le verre blindé. » Ni terroriste ni dissident, Heiner Müller aura choisi d'être *la machine à écrire,* la machine à écrire Hamlet.

Alors apparemment au comble de sa puissance, l'Union soviétique de Leonid Brejnev règne dans tous les pays satellites, le communisme (né après la mort de Tchekhov du mariage inattendu et désespéré entre l'utopie et la force — entre la mère et le meurtrier, on pourrait dire entre Gertrude et Claudius...) exerce depuis cinquante ans un terrorisme d'état organisé, vicieux, avec ses polices, ses espions ; en Allemagne de l'Est, c'est la Stasi. Quelque chose, cependant, depuis l'écrasement du Printemps de Prague, hante l'Europe de l'Est, salariée mais miséreuse, grise et pompeuse ; on sent la cour communiste prise d'une inquiétude générale, et les célébrations est-allemandes des anniversaires de Brecht auront, d'année en année — j'assisterai à celle de 1988, l'ultime —, des allures de funérailles d'État avec cadavres officiels alignés en rang et écoutant une page lourde de Beethoven. Erich Honecker célébrant la mémoire de Bertolt Brecht. Comment cela pouvait-il continuer ?

Celui qui va écrire *Hamlet-machine* traverse, en 1977, d'un salon l'autre, une cour inquiète ; il a des livres à la main (Hölderlin, Kleist, Büchner, Lyotard, Deleuze, Foucault), il a interrogé les figures grecques (Œdipe, Philoctète, Prométhée), on a interdit certaines de ses pièces mais il a le droit de circuler et de sortir du royaume puisqu'il y revient... C'est un passe-muraille qui inquiète l'Est et séduit l'Ouest. Sa mélancolie est aux yeux de l'État communiste un pessimisme, on le lui reproche, il crée la polémique ; la dénaturalisation du chanteur Wolf Biermann, en 1976, l'a amené à protester, une rare fois, mais il ne suit pas le départ en masse des intellectuels.

Heiner Müller ne suit personne ni son père, ni sa femme qui s'est suicidée en 1966 ; elle s'appelait Inge, elle était « de la haute », d'une famille aristocratique, elle écrivait des livres pour enfants et elle multiplia durant onze ans toutes les tentatives, à la corde, à la lame, aux barbituriques, au gaz... ; le soir où il la trouva morte, on avait diffusé, pour la première fois à la télé communiste, une émission consacrée au suicide de Marilyn Monroe..., l'ex-épouse d'Arthur Miller.

Comme Hamlet l'est pour Mallarmé, Heiner Müller est un *cas,* certes, comme on le dit aussi de Pasolini, et de Louis-Ferdinand Céline, ces énigmatiques et puissants écrivains des défaillances, ces humanistes enragés et posés en travers du chemin de l'humanité ronflante ; Müller, lui, d'allure insensible, imperturbable, s'installa volontairement dans son *matériau,* le communisme, tout en écrivant : « Nous n'étions que le négatif du capitalisme, pas son alternative » ; il savait, comme Shakespeare qui en jouissait à son époque, que « plus il y a d'État plus il y a de drames ». Donc, il campa à demeure dans la tragédie communiste, pour la renifler sous les draps et devenir — en ressortant du lit — le plus grand dramaturge de l'après-Seconde Guerre mondiale, celui qui pourra écrire, plus Hamlet qu'Hamlet peut-être : « Je suis mon prisonnier. »

Il est donc à Sofia, en janvier 1977 ; il remplit de notes, de brouillons, de débuts de pièces un cahier d'écolier, mais il repousse le projet déjà vieux d'écrire sa variante d'*Hamlet* ; il pense à un fils rentrant chez lui après les funérailles d'État de son père… Mais il n'écrit rien, fumant dans la procrastination müllérienne. Il sait pourtant que c'est la pièce la plus importante pour lui et pour l'Allemagne, cette pièce relue sans cesse depuis le lycée, d'abord sans qu'il la comprenne puis lue comme par en dessous ; il y entrait par la cave, dira-t-il.

Ni communiste présentable, ni dissident avoué, le fumeur de cigares plus longs que ceux d'Orson Welles est la grande figure hamlétique du siècle, l'intellectuel qui circula dans la pourriture communiste. Être ou ne pas être à l'Est, la question fut chez lui géopolitique certes, mais… sa réponse fut cynique, violemment comique ; je le sais depuis que j'ai aperçu, allant de ses lèvres à ses yeux, la lueur vive et brutale d'un saltimbanque qui, d'une moue de sage et d'un regard d'enfant, résumait en une expression furtive le désabusement ultime de l'humanité pensante. C'était à l'été 1991, au Festival d'Avignon — quatre ans avant sa mort —, l'année de l'effondrement de l'Union soviétique, un été où on le joua abondamment au cloître des Carmes. Je le croisais dans les jardins de la Maison Jean-Vilar.

Revenant de Sofia, en 1977, Benno Besson lui proposa de traduire *Hamlet*. Refus, bien sûr, mais Hamlet cogne à la porte. Le temps est venu… Il ouvrira. Il ne lui faudra alors que neuf pages pour faire tenir, « ratatinés », dira-t-il, des éclats d'un texte sans personnages et pour acteurs, dont un interprète d'Hamlet qui dira : « J'étais Hamlet. Je me tenais sur le rivage, et je parlais avec le ressac BLABLA, dans le dos les ruines de l'Europe… » La rage d'écrire fait éclater le dialogue, et l'inspiration prend la forme vomitive du monologue, mais plutôt que des monologues, ce sont des blocs monologiques qui surgissent comme les répliques sismiques des grands soliloques d'*Hamlet*. Un acteur disant jouer Hamlet clame : « Mon drame n'a pas eu lieu. Le manuscrit s'est perdu », et une actrice qui interprète une Ophélie « que la rivière n'a pas gardée » dit (et on pense à Inge Müller) : « Je suis la femme à la corde, la femme aux veines ouvertes la femme à l'overdose la femme à la tête dans la cuisinière à gaz. »

Ces neuf pages du manuscrit d'*Hamlet-machine*, que Müller comparait à « une tête réduite », les metteurs en scène vont les interroger, les sectionner, les recoller, et mettre en scène la pièce chacun à sa guise car le dramaturge, en fils hérétique d'Eschyle et de Brecht, a aboli non seulement le protagoniste (il n'y a plus de héros possible, pensait-il) mais la structure, le personnage devenant une matière, c'est-à-dire le produit d'un texte.

Il y a dans ce théâtre un souffle venu d'Artaud qui a balayé l'édifice brechtien, c'est un geste violent qui résume le siècle. Avec *Hamlet-machine*, qui fut créée à Bruxelles en novembre 1978 et jouée en Allemagne de l'Est en 1990 aux toutes dernières heures du régime communiste dont il prédisait la chute douze ans à l'avance, le théâtre retrouvait sa puissance de provocation dans un pouvoir exclusivement poétique.

Après Jarry, après Brecht, après Beckett, après Genet, le théâtre avait encore à renouer avec sa nature subversive ; à chaque époque le théâtre est affaire de mise en cause du monde, de poésie brutale ; il tire d'« un instinct indéchiffrable à lui des éclairs de scoliaste », et de l'homme il met en scène « l'antagonisme de rêve avec les fatalités à son existence départies par le malheur ». Il est fait de vertige morbide et de sauvagerie ivre. Une œuvre n'est plus prisonnière de son époque dès lors qu'elle en a violemment saisi le sens.

Heiner Müller avait demandé en vain à son éditeur, Suhrkamp, qu'on illustre la page couverture de l'édition d'*Hamlet-machine* avec la photo d'Ulrike Meinhof décrochée de sa corde, gisant au sol dans sa cellule; il termine *Hamlet-machine* avec la phrase troublante de Susan Atkins, la compagne de Charles Manson: «Quand elle traversera vos chambres à coucher avec des couteaux de boucher, vous saurez la vérité.»

Comme durant la nuit de 1933 où l'on arrêta son père, Heiner Müller a, au long du XXe siècle, fait semblant de dormir mais, l'œil ouvert, l'oreille tendue, il a tout vu et tout entendu. Et que dit-il? Qu'écrit-il? «J'ouvre par effraction ma viande scellée. Je veux habiter dans mes veines, dans la moelle de mes os, dans le labyrinthe de mon crâne. Je me retire dans mes intestins. Je prends place dans ma merde, mon sang. Quelque part des corps se brisent, pour que je puisse habiter dans ma merde. Quelque part des corps s'ouvrent, pour que je puisse être seul avec mon sang. Mes pensées sont des plaies dans mon cerveau. Mon cerveau est une cicatrice. Je veux être une machine.»

Le chien jaune

Dans la solitude des champs de coton, de Bernard-Marie Koltès, créée le 27 janvier 1987 au Théâtre des Amandiers à Nanterre dans une mise en scène de Patrice Chéreau.

Dans *Le Temps retrouvé,* ceci : « Cette idée de la mort s'installa définitivement en moi, comme fait un amour. Non que j'aimasse la mort, je la détestais, mais après y avoir songé sans doute de temps en temps comme à une femme qu'on n'aime pas encore, maintenant sa pensée adhérait à la plus profonde couche de mon cerveau si complètement que je ne pouvais m'occuper d'une chose sans que cette chose traversât d'abord l'idée de la mort et même si je m'occupais de rien et restais dans un repos complet, l'idée de la mort me tenait une compagnie aussi incessante que l'idée du moi. »

Au cours du siècle qui franchira vers 1981 l'hécatombe du sida, alors que le visage de Proust photographié par Man

Ray a acquis l'étrangeté de l'hiéroglyphe et que Beckett, Genet et Müller ont tout dit de la partie, de l'apparence et de la machine, il y aura eu — entre 1948 et 1989 — une fugue solitaire dans la nébuleuse de la littérature, celle d'un garçon discret : « On aurait dit un nomade qui passait, qui regardait avec bienveillance et avec une luminosité exceptionnelle », dira de lui Maria Casarès qui le joua dans des rôles lugubres, cette Casarès qu'un soir de 1972 il avait vue dans la *Médée* de Sénèque, décidant aussitôt d'écrire des textes qui seraient donc faits pour le théâtre.

Ce garçon, né à Metz d'un père officier militaire proche de l'OAS, allait mourir du sida à quarante et un ans dans une chambre de l'hôtel L'Aiglon, boulevard Raspail ; comme Oscar Wilde, comme Jean Genet et Tennessee Williams, un homosexuel qui meurt seul à l'hôtel.

Sa gueule d'ange flâneur avait échappé à la pose et aux instantanés des photographes tant sa silhouette fugitive demeura inattrapable à tous, et aux biographes. Il voyageait seul, il écrivait ailleurs, passant des années à ne rien faire pour son plus grand plaisir, puis s'en allant errer au Guatemala ou en Afrique où il exerçait sa royauté de voyou aux lisières du monde : « Pourquoi moi, dois-je, aujourd'hui, payer le prix d'un siècle d'histoire imbécile ? À qui réclamer ma réhabilitation ? Quel témoignage produire ? », a-t-il écrit à trente ans depuis le Nigeria. Il disait craindre de ne plus comprendre grand chose à la marche de l'Histoire, et il planait dans des étourdissements non sans volupté, parfois une colonie de poux sur les jambes et le corps suant d'une tension rimbaldienne qu'il allait ressentir à huit cents kilomètres de Lagos.

Sur les photos d'Elsa Ruiz, prises à New York en 1981, ce garçon, qui s'appelait Bernard-Marie Koltès, nous regarde comme si nous allions lui demander quelque chose. Dans ses yeux, c'est le qui-vive des chiens perdus que l'on aperçoit. Sur ses gardes, il préserve farouchement, comme une idée d'os, son intime pressentiment de bonheur. À un journaliste allemand, six mois avant sa mort, il confiait ceci : « Je crois que la seule morale qu'il nous reste, est la morale de la beauté. Et il ne nous reste justement plus que la beauté de la langue, la beauté en tant que telle. Sans la beauté la vie ne vaudrait pas la peine d'être vécue. Alors, préservons cette beauté, gardons cette beauté, même s'il lui arrive parfois de n'être pas morale. »

Koltès, c'était une variante moderne d'un jeune Gide, sans domicile fixe et vivant dans les marges des villes. Il fut un squatter du théâtre et la mort sera venue s'installer *définitivement* en lui, *comme fait un amour.*

Dans *Roberto Zucco,* sa dernière pièce, il magnifia la figure d'un Rital parricide, un *serial killer.* Une réplique est incontournable à qui approche son œuvre, c'est la scène VIII intitulée « Juste avant de mourir » ; tout est là : « Je veux partir. Il faut partir tout de suite. Il fait trop chaud, dans cette putain de ville. Je veux aller en Afrique, sous la neige. Il faut que je parte parce que je vais mourir. De toute façon, personne ne s'intéresse à personne. Personne. Les hommes ont besoin des femmes et les femmes ont besoin des hommes. Mais de l'amour, il n'y en a pas. Avec les femmes, moi, c'est par pitié que je bande. J'aimerais renaître chien, pour être moins malheureux. Chien de rue, fouilleur de poubelles ; personne ne me remarquerait. J'aimerais être un chien jaune, bouffé par la gale, dont on s'écarterait sans faire attention. J'aimerais être un fouilleur de poubelles pour l'éternité. Je crois qu'il n'y a pas de mots, il n'y a rien à dire. Il faut arrêter d'enseigner les mots. Il faut fermer les écoles et agrandir les cimetières. De toute façon, un an, cent ans, c'est pareil ; tôt ou tard, on doit tous mourir, tous. Et ça, ça fait chanter les oiseaux, ça fait rire les oiseaux. »

Que dire, puisqu'*il n'y a rien à dire,* sinon noter que, dans *Partage de midi,* Mesa réplique à Ysé : « Je suis un chien jaune », en ajoutant : « J'ai quitté les hommes »… ; mais il n'y a pas d'Ysé pour vous *rechercher* chez Koltès, il n'y a dans ce théâtre transitaire personne à qui réclamer la réhabilitation, et *de l'amour il n'y en a pas.* C'est un théâtre de fugitifs (mêmes immobiles) où le rapport amoureux est laissé à l'invention des troglodytes romantiques, c'est un théâtre où Vladimir a quitté Estragon, où les Lucky ne traficotent qu'au crépuscule, un théâtre où survivre c'est simplement fuir, à travers la vie comme à travers la ville.

« Bernard, ça ne se raconte pas »… Isaach de Bankolé était son ami, le seul qui était du métier quand les autres étaient de la rue, du quartier, d'un bar choisi entre chien et loup à Barbès, ou dans les ruelles arabes d'Europe, ou alors au coin d'un West Side sans histoire, dans les docks, au bordel nocturne et dangereux des camions, loin, très loin, juste avant les forêts, là où en riant il fuyait la mort — « c'était un mec qui faisait la fête », disait Bankolé ; il la faisait, la fête, mais à la lisière des mondes dits civilisés, là où le commerce humain échappe aux condescendances, aux réflexes du racisme, à la fatalité d'un siècle imbécile.

Dès l'adolescence, à Metz, de son collège situé en plein quartier arabe il partait en douce vers les cafés algériens, et il savait mener à quatorze ans de grandes opérations de séduction pour y rester malgré la guérilla des plastiqueurs de l'OAS, malgré le regard des fellaghas : « J'ai très vite compris que c'était eux le sang neuf de la France ; que si la France vivait sur le seul sang des Français, cela deviendrait un cauchemar, quelque chose comme la Suisse, la stérilité totale sur le plan artistique et sur tous les plans. »

« L'étranger, c'était son propre miroir. » Isaach de Bankolé ne raconte pas Bernard, *il n'y a pas de mots,* mais il l'appelait son « frère blanc ». Ce comédien ivoirien qui créa le rôle muet d'Abad dans *Quai Ouest,* celui du Dealer pour *Dans la solitude des champs de coton* et celui du grand parachutiste noir dans *Le Retour au désert,* disait de Koltès, qu'il n'avait *jamais vu en larmes,* qu'il était (c'est le titre du film de Chéreau où il joua une ombre) *l'homme blessé* que personne

ne peut soigner, encore moins celui qui reconnaissait la blessure : « C'est comme si, par moment, le négatif de Bernard,
c'était moi. Comme s'il eût aimé naître noir. Et défendre
d'autres idées. »

Depuis Ahoada, en février 1978, c'est à Hubert Gignoux
qu'il écrivait du Nigeria, Gignoux qui le remarqua à Stras-
bourg en 1970, un Izambard disant alors de son Rimbaud :
« Quand il a bien voulu me faire lire ses premiers textes, il
aurait fallu que je fusse bien aveugle pour ne pas voir d'emblée que Bernard était un authentique écrivain. »

Au creux de l'Afrique, à l'heure où l'on se réfugie dans la
relative fraîcheur des maisons, Koltès lui racontait un voyage
en pirogue sur le Niger : « [...] le rythme, disais-je, qui règle
le regard de l'un à l'autre, jusqu'à ce que, donc, il n'amène un
sourire (un de ces exceptionnels sourires, et qui rendent heureux !) sur le visage du rameur, après lequel, toujours mené
par cette terrible règle du temps, plus terrible encore du fait
que rien ne la trouble sauf le bruit imperceptible de la rame
sur l'eau, je suis obligé de détourner comme incidemment
mon regard (tandis que le temps suffisant pour un sourire de
rameur à passager a été poussé aux extrêmes limites), et que
le temps, même ralenti par la température et la tropicalité,
décide que sans doute je pense à autre chose ou je pense à
rien, et il me faut attendre le temps nécessaire pour que l'on
ait, et lui, et moi, oublié ce regard pour en oser un autre.
Cependant, moi, je n'oublie pas ; je passe de l'un à l'autre sou-
tenu par le souvenir du visage du rameur, et je m'efforce à ce
que l'espace obligatoire entre deux regards autorisés n'ait pas
le temps de le dissiper, pour me laisser ainsi, un temps incalculable, le regard sur l'eau, inutile, et le sens de ma présence,
à cette heure, dans une pirogue, sur le Niger, incompréhensible. »

Il continuait : « Je savais bien que tant de beauté réunie
me ferait perdre pied, et si je la consomme à doses infinitési-
males, en France, ici, où elle s'offre à mon regard, et à mon

regard seulement, dans une telle proportion, je sens la fermeté de mon jugement être ébranlée, je sens sourdre en moi des éléments obscurs et douteux, enfin : je sens bien que, à l'envers, je risque de reconnaître l'héritage honteux des années noires du colonialisme : je suis tant tenté de reconnaître la supériorité de la race noire sur la race blanche ! Alors, je me contiens, j'affirme ma lucidité, je ne sanctionne pas par une opinion mes impressions esthétiques, je refoule toutes ces choses le plus bas possible, je les emballe hermétiquement et mets le pied dessus en disant : "Tout cela, c'est des histoires de cul." Mais je demeure rêveur ; tant de choses sont des histoires de cul. »

Ce rythme, réglé, cette diplomatie des sens, cet échange de regards entre le rameur et le passager, cet espace entre les regards *autorisés,* ce temps incalculable, cette présence *incompréhensible,* cet attrait déstabilisant, bref cette histoire de cul, Koltès en a fait la matière de son duo crépusculaire, *Dans la solitude des champs de coton,* que vont créer Isaach de Bankolé et Laurent Malet dans la mise en scène de Patrice Chéreau aux Amandiers de Nanterre le 27 janvier 1987. À la manière d'un dialogue philosophique du XVIIIe siècle, c'est une joute d'ombres au coin d'une rue, un *deal* qui ira vers une rhétorique perverse de séduction, une danse entre le désir et la peur, une liaison dangereuse, aussi une entrée illicite de clowns dans un cirque clandestin.

« Si vous marchez dehors, à cette heure et en ce lieu, c'est que vous désirez quelque chose que vous n'avez pas, et cette chose, moi, je peux vous la fournir. » Le Dealer, qui ouvre le jeu, et le Client, qui y entre, se livrent à une partie sans règles où seul le langage fait la loi. Ces quidams sont (comme Hamlet et Ophélie chez Heiner Müller) des êtres de langage, porteurs de monologues qui s'épanouissent à « cette heure qui est celle des rapports sauvages entre les hommes et les animaux ». En trente-six répliques, de l'un à l'autre, les pensées bien conçues vont s'énoncer clairement mais le désir — *le désir qui passe* — restera inavoué, comme l'enjeu demeure indéfinissable. Le Dealer offre ce qu'il n'a peut-être pas à un Client qui ne dit pas ce qu'il veut.

Jacques Lacan — qui avait sur l'analyse du désir des vues qu'il exprimait dans le style de Mallarmé — disait que l'amour, c'est donner ce que l'on n'a pas à quelqu'un qui n'en veut pas.

« Je n'ai jamais aimé les histoires d'amour. Ça ne raconte pas beaucoup de choses », affirmait Koltès. « Alors, dit le Dealer, ne me refusez pas de me dire l'objet, je vous en prie, de votre fièvre, de votre regard sur moi, la raison, de me la dire ; et s'il s'agit de ne point blesser votre dignité, eh bien, dites-la comme on la dit à un arbre, ou face à un mur d'une prison, ou dans la solitude d'un champ de coton dans lequel on se promène, nu, la nuit.» Le mot *amour,* pour lui, ça recouvrait tout, ça ne recouvrait rien : « C'est un truc qui m'a toujours révolté.» Au moment d'écrire à New York ce combat singulier entre un dealer et un client, Koltès préférait le mot *deal* : « Si on veut raconter de manière un peu plus fine quand même, on est obligé de prendre d'autres chemins. Je trouve que le deal, c'est quand même un moyen sublime. Alors ça, ça recouvre vraiment tout le reste.» Il songeait à écrire une pièce entre un homme et une femme où il ne serait question que de business…

« Je ne suis pas là pour donner du plaisir, mais pour combler l'abîme du désir, rappeler le désir, obliger le désir à avoir un nom », dit le Dealer au Client. Il ajoute : « Et parce que je vois le vôtre apparaître comme de la salive au coin de vos lèvres que vos lèvres ravalent, j'attendrai qu'il coule le long de votre menton ou que vous le crachiez avant de vous tendre un mouchoir, parce que si je vous le tendais trop tôt, je sais que vous me le refuseriez, et c'est une souffrance que je ne veux point souffrir.»

Il a observé de près, mais au loin, et de loin, tout près. Il a vu le comportement de la meute et il veut en décrire le commerce pulsionnel, le négoce des regards. Comme Claudel, comme Brecht, il invente des actions qui sont une trans-action, l'achat furtif, l'élection secrète, l'échange improbable, la recherche, l'approche, le refus, l'affront, la fuite. Comme Choderlos de Laclos, il le fait en investissant la langue de ses pouvoirs guerriers, il l'arme, il la dispose, et en l'aimant il la travestit, il la maquille, il la fabrique. Il disait : « J'ai l'impression d'écrire des langages concrets, pas réalistes, mais concrets. »

La langue française, qu'il possédait d'instinct, ne l'intéressait qu'altérée : « Je trouve très belle la langue française lorsqu'elle est maniée par des étrangers », dit-il à Hervé Guibert (une autre victime du sida) qui l'interviewe pour *Le Monde* en 1983. Il aimait faire entrer dans sa langue maternelle l'effet enrichissant de la prostitution, du métissage ; cassée et poncée par des cultures étrangères, elle acquérait une dimension à la manière d'une statue antique à laquelle manquent la tête et les bras, mais qui tire sa beauté de cette absence. La beauté seule encore possible de la langue… beauté infirme, beauté immorale…

Koltès disait encore à Guibert : « Un dialogue ne vient jamais naturellement. Je verrais volontiers deux personnes face à face, l'une exposer son affaire et l'autre prendre le relais. Le texte de la seconde personne ne pourra venir que d'une impulsion première. Pour moi, un vrai dialogue est toujours une argumentation, comme en faisaient les philosophes, mais détournée. Chacun répond à côté, et ainsi le texte se balade. Quand une situation exige un dialogue, il est la confrontation de deux monologues qui cherchent à cohabiter. »

Les philosophes argumentateurs en viendront-ils aux coups avant de s'enfuir ? Ces ombres disparaissent qu'un crépuscule aura réunies. D'autres se croiseront dans un hangar une nuit de suicide. Un type piétinera sur le boulevard en cherchant quelqu'un qui partagerait une chambre pour une partie de la nuit. Les personnages du théâtre de Bernard-Marie Koltès ne cesseront d'envisager l'hypothèse de quitter la scène, car ce sont des passants irréguliers en état de panique. Tous rêvent à l'Afrique, sous la neige. Tous ont vécu ce qui est inracontable.

Comme lui qui fuit Metz, à dix-neuf ans, et qui passe sa vie à cavaler pour saisir la tristesse jusque sous les tropiques, comme lui qui, ébloui par Casarès, écrit pour le théâtre — « un art qui finit, tranquillement », tous ses personnages aperçus en scène — *à cette heure, en ce lieu* — oscillent entre pensées claires et désirs obscurs en reluquant sans cesse vers l'infini des coulisses là où, comme dans le théâtre classique, le meurtre a eu lieu.

La *réhabilitation* leur étant impossible, les apartés, les monologues, toute cette diplomatie intérieure aura pour but ultime de leur faire accepter, pour pouvoir retrouver la liberté en marchant sur les cadavres accumulés en coulisses, l'idée de leur propre mort, cette idée qui viendra s'installer *définitivement, comme fait un amour*. Avec elle, c'est l'ultime transaction, c'est le *deal* pervers, la dernière scène à jouer : « On doit tous mourir, tous. Et ça, ça fait chanter les oiseaux, ça fait rire les oiseaux. »

« Passer par-dessus des cadavres »

*Heldenplatz, de Thomas Bernhard, créée le 4 no-
vembre 1989 au Burgtheater de Vienne dans une mise
en scène de Claus Peymann.*

La pose aristocratique d'un acteur, ai-je pensé la première
fois que j'ai vu les photos de Thomas Bernhard prises à Ohlsdorf en 1982 ; sur ces photos faites un jour de grisaille, on
dirait Jose Luis de Villalonga dans l'allongé du visage, et
l'abandon de la lavallière ; en regardant ses yeux mi-clos où
passe une mélancolie amusée, une ironie de misanthrope, je
repense à ces pages obsédantes de *L'Origine* où le gamin de
l'internat de la Schrannengasse à Salzbourg s'isolait dans une
pièce sombre où l'on rangeait des chaussures, pour y cultiver
des pensées suicidaires tout en pratiquant son violon : « mon
précieux instrument de mélancolie », a-t-il écrit.

Cet Alceste des Alpes, dont le nom de famille est celui
d'un ex-mari que sa grand-mère maternelle avait plaqué, est

né en Hollande en 1931; il écrira qu'il y a été «vomi d'avance», vomi d'avance par l'Autriche bien sûr, son pays qu'il offensa à foison dans une littérature plus sarcastique encore que politique, où le dégoût primera toujours la critique. Thomas Bernhard a fait de son pays la scène la plus grotesque du monde, un grand théâtre de la détestation domestique. Cet imprécateur naquit donc par hasard à Heerlen où sa mère était allée cacher sa naissance, le furtif géniteur étant disparu à jamais. Tard dans sa vie, il regardait une photo de cet inconnu en s'effrayant de la ressemblance; c'était un dénommé Aloïs Zuckerstätter, il s'était suicidé à Berlin en 1940. Fils d'«une fripouille», écrira-t-il.

L'auteur de *Maîtres anciens* et d'*Extinction,* ces chefs-d'œuvre tonitruants, aura grandi en gosse solitaire dans le climat *nocif* de l'Autriche hitlérienne, l'Autriche national-socialiste et catholique, l'Autriche des jeunesses hitlériennes que, d'instinct, il détesta; cette Autriche honnie car devenue après la guerre *un cloaque sans esprit ni culture.* Dans *Heldenplatz,* la dernière pièce-dernière injure, un personnage affirme qu'il y a aujourd'hui plus de nazis à Vienne qu'en 1938: «maintenant ils ressortent de tous les trous», lui fait-il dire. Et ils entrèrent au parlement de Vienne neuf ans après sa mort…

Ce siècle — maintenant terminé — aura connu avec ce romancier d'exception, avec le dramaturge d'*Avant la retraite,* la dernière grande voix d'une littérature racée et radicale qui, enracinée et nostalgique du *monde d'avant,* celui que décrivit Stefan Zweig avant de se suicider, se refusa à l'extinction de l'intelligence, au silence abrutissant de la masse. Thomas Bernhard a résolument fait entendre — si tant est qu'on écoute, ce qu'il ne croyait pas — les dernières rages, sinon les derniers râles, d'un humanisme aristocratique qui était dans Montaigne comme dans les pièces anciennes d'Anton Tchekhov et dans les romans rugissants de Louis-Ferdinand Céline, chez les vagabonds esseulés de Beckett et les ombres solitaires de Koltès. Un humanisme lucide, désespéré et noble (car c'est une aristocratie de l'esprit) qui se sera exprimé grâce à eux dans le siècle de l'Holocauste, à travers ces voix insistantes ou rageuses, délicates ou intempestives, qui ont percé à jour la *société du mensonge* plus finement que les philosophes. « Tout crie la mise en pièces... et les Autrichiens sont devenus un peuple d'une indifférence totale », est-il dit dans *Heldenplatz* où Bernhard constate le désastre intellectuel de son temps. Mis en pièces, en effet, ce siècle promis à la casse depuis la première d'*Ubu-Roi* où la jeune Colette riait tant..., où Jarry colorait son absinthe d'encre rouge... Livré au pire et, dès le début des années 1930, à cet Ubu à la croix gammée qui, ratant de peu sa solution finale, aura tout de même ouvert le chemin meurtrier aux autres, ici et là, depuis, de la Sibérie à Grosny, de Chatyla à Srebrenica, de Santiago à My Lai, de Staline en Eltsine, de Duvalier en Milosevic, de Franco en Pinochet ; avec le temps, depuis Hitler, on a si bien humanisé la barbarie et perfectionné l'efficacité chirurgicale des guerres, et on décervèle avec tant de virtuosité de nos jours, on égorge et on viole avec tant de méthode, que le génocide est devenu un mot courant et qu'il fait de plus en plus recette. Au bout du compte, le *crime contre l'humanité* est devenu quasiment le plus fréquent de l'époque, et tout ce que l'on pourrait dire ou écrire contre cela n'est plus entendu, n'est pas lu : « Les Autrichiens n'entendent plus rien et ils ne lisent plus rien », dit l'alter ego de Thomas Bernhard dans *Heldenplatz,* un alter ego juif quand, lui, il ne l'était pas.

Des personnages, souvent, sont à la fenêtre chez Thomas Bernhard. L'observateur est à la fenêtre qui attend, il guette, réfléchit, observe, marmonne, ressasse, et il s'épouvante... C'est Murau dans *Extinction* qui, ayant à la main un télégramme annonçant la mort de ses parents, regarde la piazza Minerva déserte ; c'est la bonne qui, durant tout le premier acte d'*Heldenplatz,* un chiffon à la main, regarde par la fenêtre d'où le professeur Schuster s'est jeté la veille. On raconta à Thomas Bernhard que son grand-père maternel —

celui qu'il aimait tant — avait aperçu un jour Anna Bernhard à la fenêtre de la maison d'en face et qu'ainsi avait débuté leur histoire adultère, cette liaison sans mariage qui fut à l'origine de sa naissance...

Thomas Bernhard en Autriche aura été effrontément un *monstre* littéraire domestique, l'écrivain vitupérateur et cependant magistral, méprisant la nation et célébré à l'étranger, mais finalement récompensé par la nation et odieux aux yeux de l'État tout de même, un Timon d'Autriche qui mit des barreaux à ses fenêtres et qui rédigea à deux jours de sa mort un testament vengeur interdisant à quiconque l'exploitation de son œuvre littéraire « à l'intérieur des frontières de l'État autrichien, quelle que soit la dénomination que se donne cet État ».

Avant de devenir cet écrivain incontournable, il fut d'abord chroniqueur judiciaire. « Mes racines sont là », disait-il. En 1952 il a vingt et un ans au palais de justice de Salzbourg et il écrit des choses comme : « la guerre tout entière est encore dans ce bâtiment, toute cette laideur » ; c'est son école d'écriture, il l'affirme à Krista Fleischmann en 1986 : « le journalisme est la chose la plus fascinante qui soit car on peut réellement passer par-dessus des cadavres ».

Dans ce livre sublime qu'il écrit en 1959, *Dans les hauteurs,* un livre qu'il n'a publié qu'à sa mort, avant d'entrer *dans les ténèbres définitives,* dans ce premier livre donc, qui fut aussi le dernier livre sur lequel il travailla, on lit cela maintenant qu'il est au cimetière de Grinzing : « Je dois donc moi-même être présenté à un tribunal, à un tribunal, à toute une Cour, je choisirai moi-même le tribunal le plus méchant qu'il y ait, un tribunal qui me démolisse, qui me démolisse jusqu'à ce qu'il ne reste plus rien de moi, le tribunal prononcera sur moi un verdict qui est fait pour moi, il siégera à huis clos et m'assignera une auge, une auge à cochons humains faite pour les créatures comme moi, pigiste au *Demokratisches Volksblatt.* »

Le célibataire Thomas Bernhard alla mourir chez son demi-frère, à Gmunden ; comme Tchekhov, c'est la tuberculose. Une santé brisée en bas âge dans les galeries souterraines de la Glockengasse pendant les bombardements de Salzbourg, le sanatorium à dix-huit ans et l'arrivée dans cet hôpital où son grand-père maternel meurt le 11 février 1949 (il mourra quant à lui le 12 février 1989 et il pensa à la concordance des dates avant son agonie, a raconté le demi-frère). Le grand-père maternel, celui qui avait fait un enfant à la femme d'en face, à cette Mme Anna Bernhard aperçue à la fenêtre. Il était la seule personne qui l'aimât et qu'il aimait, qu'il aimât à jamais, son nom étant Johannes Freumbichler. Il vécut chez lui jusqu'à l'âge de huit ans, c'était un écrivain fauché et familier de Montaigne. Il obtint le Prix national autrichien en 1937, soudaine reconnaissance qui sera réduite à néant par l'Anschluss. Ce cher grand-père *qui fit de la promenade un art majeur* et qui lui interdisait de parler s'il marchait avec lui sur les routes de Seekirchen…, ne levant que parfois cette interdiction. Thomas Bernhard écrira dans *Un enfant* : « Au loin, vers midi, je découvrais mon grand-père, je courais vers lui à travers champs » ; « Quelques pas avec lui et j'étais sauvé » ; « Il était mon grand fournisseur d'explications, le premier, le plus important, au fond le seul. »

Sur une photo prise à Seekirchen, le grand-père est couché dans l'herbe et s'appuie sur le coude gauche près d'un arbre, il a gardé son panama ; lui, en culottes courtes, est assis avec ses genoux relevés. Le vieillard, c'est évident, s'adresse à l'enfant comme à un adulte, on peut penser qu'il argumente, qu'il élabore. Bernhard a six ans et il ressemble à tous les gamins de six ans qui sont en culottes courtes et qu'un grand-père impressionne ; la photo est de 1937… C'était le paradis à Seekirchen pour ce gamin, et il a écrit *Heldenplatz* sur la vieille machine à écrire de Johannes Freumbichler. Son seul bien de famille, pensai-je…

Au premier acte, dans un grand appartement viennois qui donne sur la Heldenplatz (place des Héros), une bonne est à la fenêtre avec un chiffon à la main et regarde dans la rue. La gouvernante entre avec un habit, elle le suspend, elle l'inspectera : « Le costume n'est pas déchiré », dira-t-elle, en le flairant, puis elle l'élèvera à la lumière et le suspendra à nouveau, elle va le brosser plus tard ; c'est Mme Zittel, elle va, tout en parlant sans arrêt, repasser des chemises et regrouper des cannes ; à la bonne qui, toujours à la fenêtre, s'est mise à nettoyer une chaussure, elle lance : « Le professeur est mort, tu peux regarder en bas aussi longtemps que tu veux il ne revivra pas. Le suicide est toujours un coup de tête. La chemise a été déchirée le costume non. »

Mars 1988. Nous sommes chez le professeur Josef Schuster, éminent universitaire juif, homme de grande culture qui s'est défenestré la veille alors qu'avec sa femme il devait partir (en fait repartir) pour Oxford. L'appartement, qui a été vendu, est plein de malles étiquetées. « Qui sait si le professeur aurait pu reprendre pied en Angleterre… », se demande la Zittel qui ressasse sans cesse la vie de Josef Schuster, cette sommité avantageusement mariée à une héritière de fabriques de vinaigre et de fez ; elle évoque la fuite du couple en 1938 lors de l'Anschluss, la célébrité du maître à Oxford, ses costumes anglais, sa dureté envers sa femme à qui il ne pardonnait pas d'avoir eu une mère actrice, sa haine affichée du désordre, des fleurs et des chats, et le fait si souvent énoncé qu'il n'aimait que son frère Robert et trouvait tous les universitaires idiots. À vingt-trois ans, rappelle-t-elle, il avait été champion d'Europe de plongeon ; aussi, il était « égoïste d'un bout à l'autre », mais un homme raffiné, un connaisseur d'hommes. Mme Zittel va alors insister longuement sur la manière dont le professeur Schuster lui a appris à plier les chemises après le repassage, maniaquement, furieusement : « Non madame Zittel je ne suis pas fou, je suis seulement exact madame Zittel mais pas fou », disait-il.

Ce portrait commenté du suicidé, par Mme Zittel, est un autoportrait tragicomique de Thomas Bernhard dont on sait par ailleurs, par sa gouvernante d'Ohlsdorf, qu'il repassait lui-même ses chemises et cirait régulièrement ses chaussures.

Mais la pièce entière est un magistral portrait-charge de l'Autriche de l'après-guerre qui, du boycott de Brecht dans les années 1950 à la figure démasquée de Kurt Waldheim, l'ex-officier de la Wehrmacht devenu président de la République dans les années 1980, a fait l'impasse sur son passé. Sur le plébiscite à Hitler à plus de 99 % en 1938. L'Allemagne, déjà avec le Groupe 47 de Günter Grass, d'Ingeborg Bachmann et de Heinrich Böll, voyait ses écrivains confronter le présent de l'après-guerre au passé récent, ils sauvaient dans les décombres l'honneur de la littérature en luttant contre le confort et l'indifférence de l'Allemagne du miracle économique. En Autriche, rien de tel n'eut lieu.

« Être Autrichien c'est mon plus grand malheur », disait le professeur Schuster, et répète encore Mme Zittel en repassant la chemise, cette Mme Zittel qui rappelle à la bonne que le professeur hésitait tant à repartir pour Oxford une seconde fois et cinquante ans après l'Anchluss ; il ne s'y était décidé qu'à cause de sa femme qui disait entendre, certains soirs, les clameurs de 1938 par la fenêtre de la salle à manger ; pourquoi étaient-ils donc revenus dans cet appartement de la Heldenplatz, disait Mme Schuster, comme se le rappelle la gouvernante ; le professeur pensait sans cesse, répète-t-elle : « Cela signifierait que ce Hitler me chasse pour la deuxième fois de mon appartement… »

Au second acte, dans le décor du Volksgarten d'où l'on aperçoit le Parlement autrichien et le Burgtheater où la pièce de Thomas Bernhard est créée, le frère du défenestré, le professeur Robert Schuster, va imposer la dernière silhouette filiforme et pensante de ces grands personnages d'artistes, critiques ou philosophes désabusés qui (reflet multiplié du grand-père Freumbichler) traversent l'œuvre entière de l'écrivain ; Robert Schuster est le personnage ultime de Thomas Bernhard, le dernier Reger.

Il est assis à l'écart, dans ce parc envahi par le brouillard, c'est un homme aux poumons malades qui peine à monter les escaliers et ne veut plus se mêler de quoi que ce soit : « tout pue la décomposition », dit-il à ses nièces Olga et Anna qui le raccompagnent après les funérailles ; il est la version douce de son frère, « il peut entendre Beethoven sans penser au congrès de Nuremberg », dit de lui Olga à Anna alors qu'il s'est assis, en retrait ; c'est un homme plein de bonté mais soudain il va se lever et venir vers ses nièces et alors dans de longues tirades prononcées d'un seul souffle (Elfriede Jelinek interprétait cela comme la réaction de l'écrivain à ses propres difficultés de respiration) il va *marcher sur tous les cadavres* en parlant posément de l'Autriche : « une figuration enfoncée dans la haine d'elle-même », dira-t-il, « six millions et demi de débiles et de fous furieux », ajoutera-t-il ; en regardant soudain vers le Parlement il dira : « Ce socialisme mégalomane qui depuis un demi-siècle déjà n'a plus rien à voir avec le socialisme, la comédie que nous donnent les socialistes ici en Autriche n'est rien d'autre que criminelle » ; et puis en regardant la silhouette du Burgtheater dans la brume il affirme : « C'est triste que même au Burgtheater on ne fasse plus que du mauvais théâtre. »

Du suicidé septuagénaire, il va leur avouer : « Étudier un homme malheureux voilà qui était possible sur votre père comme sur personne d'autre. » Il ajoutera que son malheureux retour à Vienne, il ne l'avait décidé que pour la musique, « à cause de la musique », insiste-t-il en murmurant « Walter Klemperer Kleiber Barbirolli mon Dieu ils sont tous morts »… ; avant de rentrer avec elles, pour le dernier repas servi par la Zittel, il dira encore : « Il ne prévoyait pas que les Autrichiens après la guerre seraient beaucoup plus haineux et encore plus antisémites qu'avant la guerre », et puis : « Il avait oublié que Vienne et d'ailleurs toute l'Autriche sont le repaire du mensonge. »

Dans la salle à manger démeublée, au troisième acte, où

l'on pourrait imaginer la société oiseuse de Mme Ranevskaïa ou la famille de Pirandello ayant enfin accédé au monde de l'art, le dernier dîner a lieu dans une ambiance désespérée mais impeccable, une ambiance de danse macabre bourgeoise où l'on entendra le professeur Schuster saluer avec fierté la *sortie aussi spontanée* de son frère en laissant tomber : « Pour des gens comme nous en fait le cimetière a toujours été la seule issue. » La veuve Schuster, assaillie par la voix d'Hitler qui monte alors de la Heldenplatz, va s'effondrer, morte, le visage dans son assiette. On meurt souvent de cette manière dans le théâtre de Thomas Bernhard.

Le 4 novembre 1988, trois mois avant sa mort, l'écrivain n'est pas dans la salle du Burgtheater lorsque l'on joue sa pièce, lorsque l'on entend ça : « C'est triste que même au Burgtheater on ne fasse plus que du mauvais théâtre » ; dans une loge, il regarde la représentation sur un écran vidéo, car il tousse trop pour demeurer dans la salle... La polémique régna avant et après la création mais ce soir-là, qui est unique dans l'histoire de ce siècle en pièces, le dernier grand soir peut-être..., le théâtre triompha grâce à l'aristocratique insoumission d'un dramaturge qui allia en lui le tempérament de Voltaire et l'humour de Kafka, l'intelligence de Nietzsche et l'élégance de Beckett ; c'est évidemment un écrivain capital qui fut encombrant pour ses contemporains mais dont la *voix* dans l'avenir témoignera longtemps encore d'un siècle *ancien* qui aura été ubuesque, et *imbécile,* le siècle d'Adolf Hitler.

Bibliographie sommaire

ACCURSI, Daniel, *La Philosophie d'Ubu*, PUF, coll. « Perspectives critiques », 1999.

Bernard-Marie Koltès, revue *Europe*, n°s 823-824, nov.-déc. 1997.

BORDILLON, Henri (dir.), *Jarry*, Colloque de Cerisy, Belfond, 1985.

BRECHT, Bertolt, *Écrits sur le théâtre*, 2e édition revue et corrigée, L'Arche, 1963.

CLAUDEL, Paul, *Mémoires improvisés*, propos recueillis par Jean Amrouche, Gallimard, 1954.

COPEAU, Jacques, *Journal 1901-1948*, texte établi, présenté et annoté par Claude Sicard, Seghers, coll. « Pour Mémoire », 1991.

DORT, Bernard, *Le Spectateur en dialogue*, POL, 1995.

DORT, Bernard, *Lecture de Brecht*, Seuil, coll. « Points », 1960.

DUBOIS, Félicie, *Tennesse Williams. L'oiseau sans pattes*, Balland, 1992.

DUMUR, Guy, *Pirandello*, L'Arche, coll. « Les grands dramaturges », 1955.

EWEN, Frederic, *Bertolt Brecht. Sa vie, son art, son temps*, Seuil, coll. « Le don des langues », 1973.

FUEGI, John, *Brecht & Cie*, Fayard, 1995.

GRENIER, Roger, *Regardez la neige qui tombe. Impressions de Tche-khov*, Gallimard, coll. « L'Un et l'Autre », 1992.

HÖLLER, Hans, *Thomas Bernhard. Une vie*, L'Arche, 1994.

IONESCO, Eugène, *Journal en miettes*, Gallimard, coll. « Folio/ essais », 1992.

—, *Présent passé passé présent*, Gallimard, coll. « Idées », 1968.

JANVIER, Ludovic, *Pour Samuel Beckett*, Éditions de Minuit, 1966.

JARRY, Alfred, *Tout Ubu*, texte intégral, édition établie par Maurice Saillet, Librairie générale française, 1962 ; Livre de poche, n°s 838 et 839, 1965.

KNOWLSON, James, *Beckett*, Solin/Actes sud, 1999.

KOLTÈS, Bernard-Marie, *Une part de ma vie. Entretiens (1983-1989)*, Éditions de Minuit, 1999.

LAROCHE, Hadrien, *Le Dernier Genet*, Seuil, coll. « Fiction & Cie », 1997.

MALLARMÉ, Stéphane, *Crayonné au théâtre*, dans *Œuvres complètes*, Gallimard, coll. « Bibliothèque de la Pléiade ».

MIGNON, Paul-Louis, *Jean-Louis Barrault. Le théâtre total*, Éditions du Rocher, 1999.

MILLER, Arthur, *Au fil du temps*, Grasset & Fasquelle ; Livre de poche, n° 6620, 1988.

MÜLLER, Heiner, *Guerre sans bataille. Vie sous deux dictatures*, L'Arche, 1996.

NEMIROVSKY, Irène, *Vie de Tchekhov*, Albin Michel, 1946.

PLAZY, Gilles, *Eugène Ionesco. Le rire et l'espérance*, Julliard, 1994.

Roger Blin, souvenirs et propos recueillis par Lynda Bellity Peskine, Gallimard, 1986.

GENET, Jean, *Lettres à Roger Blin*, Gallimard, 1966.

Samuel Beckett, Cahier de l'Herne, 1976.

SIMON, Alfred, *Beckett*, coll. « Les dossiers Belfond », 1983.

STEINMETZ, Jean-Luc , *Stéphane Mallarmé. L'absolu au jour le jour*, Fayard, 1998.

STORCH, Wolfgang (dir.), *Brecht. Après la chute*, confessions, mémoires, analyses, L'Arche, 1993.

STREHLER, Giorgio, *Une vie pour le théâtre*, entretiens avec Ugo Ronfani, Belfond, 1989.

Le Théâtre des idées. *Antoine Vitez*, anthologie proposée par Danièle Sallenave et Georges Banu, Gallimard, coll. « Le Messager », 1991.

THÉVENIN, Paule, *Antonin Artaud, ce Désespéré qui vous parle*, Seuil, coll. « Fiction & Cie », 1993.

Thomas Bernhard, entretiens avec Krista Fleischmann, L'Arche, 1993.

TREMBLAY, Michel, *Douze coups de théâtre*, récits, Leméac, 1992.

UBERSFELD, Anne, *Anne Ubersfeld lit Paul Claudel. Partage de midi*, Temps actuels, coll. « Entaille/s », 1981.

VIRMAUX, Alain et Odette, *Antonin Artaud*, Éditions de la Manufacture, 1991.

WHITE, Edmund, *Genet*, Gallimard, coll. « Grandes biographies », 1993.

WHITE, Kenneth, *Le Monde d'Antonin Artaud*, Éditions Complexe, coll. « Le regard littéraire », 1989.

WILLIAMS, Tennessee, *Mémoires*, Robert Laffont, coll. « Vécu », 1978.

—, *À cinq heures, mon ange*, lettres à Maria St. Just 1948-1982, Robert Laffont, coll. « Pavillons », 1991.

ZINOVIEV, Alexandre, *Mon Tchekhov*, Éditions Complexe, coll. « Le regard littéraire », 1989.

Index

Table des matières

Collection « Papiers collés »
dirigée par François Ricard

Jean-Paul L'Allier
Les années qui viennent

Jean Larose
La Petite Noirceur
L'Amour du pauvre

Robert Lévesque
La Liberté de blâmer
Un siècle en pièces

Jean-François Lisée
Carrefours Amérique

Catherine Lord
Réalités de femmes

Gilles Marcotte
L'Amateur de musique
Écrire à Montréal
Le Lecteur de poèmes

Pierre Nepveu
L'Écologie du réel
Intérieurs du Nouveau Monde

François Ricard
La Littérature
contre elle-même

Yvon Rivard
Le Bout cassé de tous
les chemins

Georges-André Vachon
Une tradition à inventer

Pierre Vadeboncoeur
Essais inactuels

MISE EN PAGES ET TYPOGRAPHIE :
LES ÉDITIONS DU BORÉAL

ACHEVÉ D'IMPRIMER EN MAI 2000
SUR LES PRESSES DE L'IMPRIMERIE AGMV MARQUIS
À CAP-SAINT-IGNACE (QUÉBEC).